¡Sssssshhhhhhhhhhh!

Haz del teatro algo íntimo

Llévalo siempre en el bolsillo

Cubierta y diseño editorial: Éride, Diseño Gráfico
Dirección editorial: ángel jiménez

Primera edición: junio , 2024

El olvido está lleno de memoria
© Jerónimo López Mozo
© VdB, 2024
Espronceda, 5
28003 Madrid

VdB®

ISBN: 978-84-19850-42-3
Depósito Legal: M-12692-2024
Diseño y preimpresión: Éride, Diseño Gráfico

 Este libro protege el entorno

el olvido está lleno de memoria

Jerónimo López Mozo.
(Gerona, 1942)

Dramaturgo, crítico y ensayista español contemporáneo. Ingeniero de profesión descubrió su vocación teatral durante la adolescencia a través de lecturas de autores como Chejov, Baroja, Juan Ramón Jiménez o Dostoyevski. Su primera obra, *Los novios o la teoría de los números combinatorios* (1964) fue estrenada en 1965 en Sevilla. Formó parte de la generación llamada Nuevo Teatro Español y ha sido parte activa en numerosas asociaciones culturales, grupos independientes y universitarios como TEU de Murcia, el Lebrijano, la Asociación de Autores de Teatro (AAT), la Asociación Española de Teatro para la Infancia y la Juventud (AETIJ), el Instituto Internacional del Teatro (IIT) o la Federación Nacional de Teatro Universitario, de la que fue miembro fundador en 1967.

La mayor parte de su obra temprana sufrió los rigores de la censura aunque algunas piezas fueron publicadas o llegaron a ser representadas por grupos que se arriesgaron a burlar los controles existentes. Está considerado como uno de los autores de la segunda mitad del siglo veinte que más ha defendido el uso de la palabra —del teatro de texto— en escena. Como autor teatral, ha escrito más de ochenta piezas, casi todas publicadas y representadas. Jeronimo López Mozo ha redefinido conceptos claves que giran en torno a la memoria, es decir, cómo definen el recuerdo, el olvido, la memoria colectiva y la memoria histórica.

Jerónimo López Mozo

el olvido está lleno de memoria

Esta función se estrenó en la Sala Fernando de Rojas,
del Círculo de Bellas Artes, de Madrid, el 25 de abril de 2003, interpretada
por Francisco Merino (Edmundo Barbero), Ainhoa Amestoy (Julia Ayuso)
y Chema Ruiz (Antolín Alvar).

Dirección: Antonio Malonda.

Nota del autor

Aunque muchos lo ignoren, el nombre de Edmundo Barbero corresponde al de un actor que existió realmente. Nacido en 1899, durante la república trabajó en la compañía de Martínez Sierra con la primera actriz Catalina Bárcena. Durante la Guerra Civil, formó parte del Teatro de Arte y Propaganda y de las Guerrillas del Teatro, que actuaban, respectivamente, en el teatro de la Zarzuela y en los frentes de guerra. Tras la contienda, fue condenado a muerte. Pudo refugiarse en la embajada de Chile y partir para el exilio, que transcurrió en diversos países latinoamericanos. Residió en Chile, El Salvador, La Argentina, Perú y México. Fue primer actor de la compañía de Margarita Xirgu, trabajó con Luis Buñuel y dirigió el Teatro Universitario de la Escuela de Bellas Artes de El Salvador. En 1980 vino a España, cuando ya no podía incorporarse a la vida teatral dada su avanzada edad. El personaje no es trasunto del ser real que le presta su nombre, pues tanto tiene de él como de otros españoles que vivieron una historia parecida. Si el autor lo ha bautizado así es porque tuvo ocasión de conocerlo personalmente y ha considerado que esta era una buena ocasión para rendirle su personal homenaje.

El olvido está lleno de memoria fue estrenada en la Sala Fernando de Rojas, del Círculo de Bellas Artes, de Madrid, el día 25 de abril de 2003 por la compañía Teatro Acción Futura. Bajo la dirección de Antonio Malonda, sus intérpretes fueron Francisco Merino (Edmundo Barbero), Ainhoa Amestoy (Julia Ayuso) y Chema Ruiz (Antolín Alvar). En el vídeo de *La vida es sueño* intervinieron Rafael Esteban, Diana Facem, Miguel Alvárez y Batomeu Ferrà. El equipo artístico y técnico estuvo integrado por Mariano S. de Blas (ayudante de dirección y realizador del vídeo), Pablo Calvo (diseño de iluminación), Celia Cipres, Ohlana Marín y Sira González (escenografía), Cezanne Producciones y Javier Monteverde (música), Mónica Domínguez (regidora), Berta Malonda y Saladina Jota (producción ejecutiva) y Emi Caínzos (secretaria de producción).

Personajes

Edmundo BARBERO
JULIA Ayuso
Antolín ALVAR

Madrid, 1980[1].
El escenario, las tripas de un teatro. Espacio diáfano que alberga todos los lugares en los que transcurre la acción. No hay tabiques que los separen. Es la luz de los focos la que fija sus límites, de modo que pueden ensancharse o reducirse a voluntad de quién los maneja. Cada uno queda definido por el mobiliario y algunos objetos de utilería.

Se oyen cercanos los aplausos del público. Cuando cesan, el alboroto que sigue al final de la función. Edmundo Barbero aparece vestido del personaje que acaba de interpretar: el viejo Clotaldo de *La vida es sueño*. A punto de entrar en el camerino, una joven reclama su atención.

---

[1] En la puesta en escena de Antonio Malonda, antes de iniciarse la acción, se proyectan sobre una gran pantalla situada al fondo del escenario imágenes fotográficas relacionadas con el periodo de la historia de España comprendido entre las elecciones generales de 1931 y 1977. Las imágenes aparecen agrupadas bajo los siguientes epígrafes: «16-2. Elecciones generales», «Triunfo frente popular», «18 julio 1936», «El exilio», «5 de abril de 1939», «40 años de silencio», «20 noviembre 1975», «Regreso de los exiliados» y «15 de julio de 1977».

JULIA   ¡Oiga! Perdone.

         (BARBERO *se vuelve hacia ella y espera a que llegue a su lado.*)

BARBERO   ¿Puedo ayudarle en algo?

JULIA   Me llamo Julia Ayuso[2]. Soy periodista.

BARBERO   (*Al tiempo que la mira con curiosidad, recita, algo modificado, parte de un parlamento de Segismundo.*) «Decir que sueño es engaño, /bien sé que despierto estoy. /Yo Segismundo no soy». Y bien que lo siento. Este no es su camerino. El que busca está al final del pasillo.

---

[2] En la primera versión del texto y en las representaciones realizadas hasta ahora de la obra, el personaje se llamaba Julia Arroyo, nombre que corresponde a una periodista estrechamente vinculada al mundo del teatro nacida en 1937 y fallecida en 1995. Al dar ese nombre al personaje, el autor quiso rendir un modesto homenaje a quién tanto amó el teatro. Sin embargo, una persona con autoridad moral para hacerlo manifestó que bautizar a un personaje con el nombre de alguien que existió realmente producía desconcierto, sobre todo, teniendo en cuenta que sus biografías eran distintas, lo cual podía provocar errores y malentendidos. Esa advertencia ha sido suficiente para que de ahora en adelante el personaje lleve el nombre de Julia Ayuso.

JULIA   Al señor Gómez ya lo entrevisté la víspera del estreno.

BARBERO   Gran actor, ¿verdad?

JULIA   De lo mejor que tenemos.

BARBERO   Un lujo.

JULIA   Como usted.

BARBERO   Gracias por el cumplido.

JULIA   La crítica le ha elogiado.

BARBERO   Es cierto. Y, hasta cierto punto, sorprendente. Mi papel…

JULIA   Es importante.

BARBERO   ¿El de Clotaldo?

JULIA   ¿No está de acuerdo?

BARBERO   No es un comparsa, desde luego. Pero tampoco, el rey Basilio. Alguien dijo que es una especie de viejo cómico perdido en el laberinto de sus palabras. ¡Ya ve!

JULIA   ¿Por qué aceptó hacer ese personaje si no le gusta?

BARBERO   Oiga, jovencita, ¿me está entrevistando?

JULIA   Aún no. Pero es lo que pretendo.

BARBERO   Pase, por favor.

(*Entran al camerino.* Mientras BARBERO *desocupa una silla,* JULIA *contempla algunas fotos colocadas en los bordes del espejo.*)

JULIA   ¿Es usted?

BARBERO   ¿El de las fotos? Sí, soy yo. No me reconoce, ¿verdad?

JULIA   Tiene un aire.

BARBERO   Era más joven. (*Mostrándole una enmarcada que está sobre la mesa.*) ¿Y aquí?

JULIA   (*Cogiéndola y cotejándola con el modelo.*) Vestido de esa guisa…

BARBERO   Harpagón. ¿Qué le parece?

JULIA   Como fisonomista, no tengo precio.

BARBERO   (*Le ofrece la silla.*) ¿Por qué no se sienta?

JULIA   (*Devolviendo la foto a su sitio.*) Gracias.

BARBERO   No es muy cómoda y me temo que tampoco demasiado segura. (JULIA *se sienta con precaución.*) ¿Resiste?

JULIA   No cruje.

BARBERO   Buena señal.

(*Mientras* BARBERO *se acomoda en su asiento, ella saca una grabadora y la pone en funcionamiento.*)

JULIA   Madrid, dieciocho de abril de mil novecientos ochenta. Entrevista con don Edmundo Barbero. ¿Listo? (BARBERO *asiente.*) Hábleme de usted, señor Barbero.

BARBERO   ¿De mí? ¿De qué en concreto?

JULIA   De su vida.

BARBERO   ¿De mi vida? No cabría en ese chisme. (JULIA *se ríe.*) En serio, créame. Yo también tengo uno. (*Le muestra un viejo magnetófono medio oculto por una pila de cintas.*) Aquí me oigo. Me gusta grabar mi propia voz. A veces no la reconozco. ¿Cómo puede cambiar tanto? (*Retomando la conversación.*) ¿Por dónde quiere que empiece?

JULIA   Cualquier cosa que diga será interesante.

BARBERO   Los artistas, cuando nos dejan, tenemos cierta tendencia a irnos por los cerros de Úbeda.

JULIA   Yo quiero saber quién es Edmundo Barbero. (*Disculpándose ante el gesto de estupor del actor.*)

Confieso que, hasta hace dos días, no había oído hablar de usted.

BARBERO La cuestión, entonces, es que... ¡no sabe qué preguntar! Por eso me pide que cuente mi vida. ¿Qué le hace pensar que puede resultar atractiva?

JULIA Me ha llamado la atención los elogios a su trabajo. Hoy he asistido a la representación para verle actuar. Mis colegas de la crítica no han exagerado. Ha sido sorprendente. Al final, solo tenía ojos para usted... Me preguntaba, ¿cómo es posible? Un actor consumado no surge de repente. Se hace en los escenarios, poco a poco.

BARBERO Cierto. Esas fotos no son recientes. Conservo centenares.

JULIA ¿En qué teatros ha actuado?

BARBERO En muchos, se lo aseguro.

JULIA Por ejemplo...

BARBERO Búsquelos.

JULIA Lo he hecho...

BARBERO ¿Hasta cuando se ha remontado su curiosidad? ¿Hasta el año de su nacimiento? ¿O ni siquiera eso?

JULIA   No hay datos suyos en los archivos del perió-
             dico.

BARBERO   ¿Qué periódico...?

JULIA   Escribo en *El Independiente*.

BARBERO   Un periódico sin historia.

JULIA   Muy corta. Todavía está fresca la tinta del pri-
             mer número.

BARBERO   Y, por lo que barrunto, los que lo hacen, ver-
             des.

JULIA   Gente joven... como yo.

BARBERO   (*Amable.*) Apague la grabadora, por favor.

JULIA   ¿Y la entrevista?

BARBERO   Sin preguntas, no puede haber respuestas. Así,
             no hay diálogo posible.

JULIA   Reconozco mi ignorancia...

BARBERO   Siga en ella.

JULIA   No se enfade.

BARBERO   Ayer no sabía ni el nombre de mi apellido.

JULIA   Ahora sé que se llama Edmundo Barbero. Algo he progresado.

BARBERO   Eso y nada viene a ser lo mismo.

JULIA   Usted puede ayudarme a completar mi información.

BARBERO   ¿Para qué?

JULIA   Los lectores del periódico...

BARBERO   Sospecho que a esos les importo menos. ¿Qué interés ofrecen las palabras de un desconocido? ¿Qué soy para ellos? Menos que nada. (*Ella apaga la grabadora.*) Así está mejor. Gracias.

JULIA   (*Levantándose.*) Señor Barbero, lamento haber herido su amor propio. No era mi intención.

BARBERO   Dudo que esa entrevista hubiera llegado a publicarse. Sus jefes la hubieran tirado a la papelera.

JULIA   Se equivoca. ¿Probamos?

BARBERO   No tengo el más mínimo interés. Dejemos las cosas como están. ¿No le parece?

             (BARBERO *se levanta. Da muestras de impaciencia.*)

JULIA   (*Resignada.*) ¿Quiere que me vaya?

BARBERO   Se lo agradecería.

JULIA   Siento lo ocurrido.

BARBERO   Olvídelo. Son gajes del oficio.

JULIA   Una torpeza por mi parte.

BARBERO   ¿Quién, a su edad, no las comete?

JULIA   ¡Volveré!

BARBERO   Haría mal. No pierda el tiempo.

JULIA   Tengo tanto por delante...

BARBERO   Ahora. Pero se acaba, como todo. Administre
            el suyo si de verdad quiere aprovecharlo. Los
            jóvenes...

JULIA   No somos santos de su devoción.

BARBERO   No veo que hagan demasiado para estimularla.

JULIA   Se ha enfadado.

BARBERO   ¿Yo? ¡Que tontería!

JULIA   Sí, y mucho.

BARBERO   ¡No tengo nada contra usted!

JULIA   No parece que haya tenido veinte años.

BARBERO   Pasé por ellos…

JULIA   Pero los ha olvidado.

BARBERO   ¡En absoluto! No soy un viejo desmemoriado. Entonces se vivían de otra manera. No presumíamos de ser hijos de la nada. Ustedes, en cambio…

JULIA   ¿Qué?

BARBERO   Han matado al padre. Se han convertido en una generación de huérfanos. Y siento decirle que usted no es una excepción.

JULIA   Yo no he matado a mi padre. ¿Por qué habría de hacerlo? Es un hombre estupendo y le quiero. Estoy muy satisfecha de la familia que tengo. Un poco chapada a la antigua. Ya me entiende. No comulga con algunas de las cosas que están pasando. Pero es buena gente…

BARBERO   Bien situada, respetable…

JULIA   Eso, además. (*Hace una pausa.*) Si yo fuera como usted dice, no estaría aquí.

BARBERO   La verdad, no sé por qué ha venido.

JULIA   Eso me pregunto yo.

(JULIA *Ayuso sale. Edmundo* BARBERO *se despoja de las ropas de Clotaldo en silencio. Luego, regresa junto a la mesa. Desprende una de las fotos del espejo. La contempla.)*

BARBERO   *(Muy bajo.)* Segismundo. *(Da la vuelta a la foto y lee.)* Teatro Sodre. Mil novecientos cincuenta.

(Revisa las cintas que hay sobre la mesa, elige una y la inserta en el magnetófono. Rebobina hasta encontrar lo que busca. Es su propia voz declamando el primer monólogo de Segismundo de La vida es sueño. *Entorna los ojos y se escucha.)*

BARBERO   *(Voz en off.)* ¡Ay, mísero de mí, ay, infelice!
Apurar, cielos, pretendo,
ya que me tratáis así,
qué delito cometí
contra vosotros naciendo.
Aunque si nací, ya entiendo
que delito he cometido:
bastante causa ha tenido
vuestra justicia y rigor,
pues el delito mayor
del hombre es haber nacido.
Solo quisiera saber
para apurar mis desvelos
dejando a una parte, cielos,
el delito de nacer,
qué más os pude ofender
para castigarme más.
¿No nacieron los demás?
Pues si los demás nacieron,
¿qué privilegios tuvieron
que yo no gocé jamás?

(BARBERO *apaga el magnetófono y vuelve a mirar la foto. Sin dejarla, se pone frente al espejo y, primero musitándolo y luego en voz alta, repite el monólogo.* JULIA, *que ha llegado a tiempo de escuchar los últimos versos, aplaude.*)

BARBERO   (*Con fastidio.*) ¿Otra vez usted?

JULIA   ¿Enfadado todavía? Hace más de una semana que nos vimos.

BARBERO   ¿Ha madurado algo en tan poco tiempo?

JULIA   Madurar, no lo sé. Pero he aprendido la lección. Estoy dispuesta a que me examine.

BARBERO   ¡Examinar! ¿Yo? ¿De qué?

JULIA   De la materia que nos ocupa: de su vida.

BARBERO   No me seduce la idea. Y menos, la de verme en la necesidad de darle calabazas.

JULIA   He sido una alumna aplicada. Hágame una pregunta...

BARBERO   ¿Qué hora es?

JULIA   ¿Qué más da?

BARBERO   Por favor...

JULIA   Van a dar las diez. Por hoy ha terminado.

BARBERO   Tenemos ensayo.

JULIA   No sabía que prepararan otro montaje.

BARBERO   Dentro de poco salimos de gira y harán algunas sustituciones.

JULIA   ¿Tiene tiempo para tomar un café?

BARBERO   Otro día.

JULIA   ¿Por qué no después del ensayo?

BARBERO   Probablemente sea largo.

JULIA   No importa.

BARBERO   ¡Dios, cuanta tozudez!

JULIA   Tozudez, la suya. ¿Tanto le cuesta ser un poco amable?

BARBERO   ¡No tengo nada que decir! Al menos, nada que pueda interesarle.

JULIA   Es la segunda vez que me envía a paseo.

BARBERO   De usted depende que no tenga que hacerlo de nuevo.

JULIA   Trabajo perdido, Julia. ¿De qué te ha servido enterarte de que hace más de cuarenta años un crítico de campanillas escribió que, a un joven actor llamado Edmundo Barbero, le acompañaba todo: figura, voz y acción? (*Mientras pronuncia esas palabras, mira de reojo a* BARBERO *y advierte su desconcierto.*) ¿Se acuerda? Fue en *El Sol*. Lo dijo Canedo.

BARBERO   ¡Sí! Acababa de entrar en la compañía. Iban a hacer *Medea*. Tenía un papel pequeño: el de mensajero. Poca cosa. Unas frases casi al final para anunciar la catástrofe. «Acabose todo; cayó el estado del reino. Hija y padre yacen, mezcladas sus cenizas...».

JULIA   Pero hizo de Jasón.

BARBERO   El primer actor se puso enfermo cuando apenas faltaban cuatro días para el estreno.

JULIA   Y alguien pensó en usted para sustituirlo.

BARBERO   Estimaron que era mejor que suspender las representaciones.

JULIA   Usted se atrevió y ellos acertaron.

BARBERO   Tenía miedo, lo confieso. Pero salí airoso del trance.

JULIA   Más que airoso. Los que lo vieron comentaban que, a pesar de ser un desconocido, su porvenir en el teatro estaba asegurado.

BARBERO   ¿Cómo ha averiguado tantas cosas?

JULIA	¡Secreto profesional!
BARBERO	¿Qué más sabe?
JULIA	Que le gustan los toros.
BARBERO	No me refiero a eso.
JULIA	Con la información que he reunido sobre usted podría escribir un buen reportaje para el dominical. (*Disponiéndose a salir.*) No le entretengo más.
BARBERO	Espere...
JULIA	Tiene prisa. El ensayo...
BARBERO	Es solo un momento.

(JULIA *niega con la cabeza y se despide con un mohín gracioso. Antolín* ALVAR *aparece por el fondo del pasillo.*)

ALVAR	¿Estás ahí, Edmundo? (*Antes de que* BARBERO *responda, llega al camerino en el preciso momento en que* JULIA *sale. Están a punto de chocar.*) Perdón.
JULIA	¡Sin avasallar!
ALVAR	¡Julia! ¿Tú?
JULIA	Casi me tiras.

BARBERO   ¿Se conocen?

ALVAR   Julia tiene entrada libre en el teatro. Es como de la casa.

BARBERO   La señorita Ayuso quería hacerme unas preguntas...

ALVAR   (*A* BARBERO.) De modo que te has dejado secuestrar. Podíamos haber estado esperándote toda la noche.

JULIA   De eso nada. Ya me iba.

ALVAR   Espero que el interrogatorio no haya sido demasiado duro.

BARBERO   En realidad estábamos empezando a hablar. (*A* JULIA.) ¿Verdad?

JULIA   (*No responde. Se dirige* ALVAR.) ¡Chao, Antolín!

    (ALVAR *lanza un beso al aire.* JULIA *se lo devuelve frunciendo los labios y se va. Edmundo* BARBERO *se queda pensativo.* ALVAR *agita la mano ante sus ojos.*)

ALVAR   ¡Despierta!

BARBERO   (*Sobresaltado.*) Perdón. Estaba distraído.

ALVAR   ¿Qué hay?

BARBERO   Esta periodista...

ALVAR   Cotilla avispada, como todas.

BARBERO   ¿Te llevas bien con ella?

ALVAR   Se porta.

BARBERO   El otro día, cuando vino a verme, estuve poco afortunado. Debí causarle mala impresión... No me gustaría que tuviera una imagen equivocada de mí. Tú podrías...

ALVAR   Le diré que tenías un mal día.

BARBERO   Esa chica conoce bien su trabajo. Está informada. Sabe que debuté en el teatro haciendo de Jasón en *Medea*.

ALVAR   ¿Te dieron ese papel?

BARBERO   ¿No lo sabías?

ALVAR   No.

BARBERO   El dato figura en el currículum que me pediste.

ALVAR   Es posible que lo leyera. ¿Decepcionado? (BARBERO *intenta decir que no, pero se encoge de hombros.*) Supongo que, para contratarte, me fijaría en otros méritos mayores. Además, tuviste buenos padrinos.

BARBERO   Los necesité para que me atendieras. Solo para eso.

ALVAR   ¡Claro que sí! (*Le da una palmada en el hombro.*) ¿El maestro se pone melancólico?

BARBERO   No me faltan motivos.

ALVAR   Lo de Julia lo arreglo yo.

BARBERO   No me refiero a eso.

ALVAR   (*Paciente.*) Veamos, ¿qué te pasa ahora?

BARBERO   Llegué hace más de un mes.

ALVAR   Mes y medio, ¿no?

BARBERO   El martes de la semana que viene se cumple.

ALVAR   Y quieres celebrarlo por todo lo alto.

BARBERO   Ya que lo dices… No estaría mal. Pero con mi familia.

ALVAR   ¿Qué familia? Tu mujer murió.

BARBERO   Va a hacer cinco años.

ALVAR   ¿Tuvisteis hijos?

BARBERO   No. Hablo de la familia de aquí. Tengo parientes.

ALVAR   ¿En Madrid?

BARBERO Sí. Creo que sí. Al menos, los tenía. No sé de
         ellos. En realidad solo mantengo relación con
         un primo que vive en Sevilla. Nos escribimos
         muy de tarde en tarde.

ALVAR   ¿Sabe que estás aquí?

BARBERO Le avisé.

ALVAR   Entonces, vendrá.

BARBERO ¿Pero cuándo?

ALVAR   El día menos pensado. (*Hace una pausa.*) No
         me parece que tu estado de ánimo sea el más
         adecuado para hacer el rey Basilio.

BARBERO (*Sobresaltándose.*) ¿Qué has dicho?

ALVAR   Has oído bien.

BARBERO ¿Yo de Basilio?

ALVAR   Carlos deja la compañía.

BARBERO ¿Hablas en serio?

ALVAR   ¿No lo sabías?

BARBERO Es la primera noticia.

ALVAR   ¿Qué dices? (BARBERO *no responde.*) ¿Necesitas tiempo para pensarlo?

BARBERO   ¿Tiempo? ¡No!

ALVAR   Estupendo. ¿Vamos?

BARBERO   Sube tú.

ALVAR   Empezamos en diez minutos. No te retrases.

(Edmundo BARBERO, *profundamente emocionado, se cubre el rostro con las manos. Su voz joven resuena en su cabeza recitando un fragmento del texto que Séneca puso en boca de Jasón.)*

BARBERO   (*Voz en off.*) ¡Fatalidad siempre recia, áspera suerte, tan mala cuando se ensaña como cuando se afloja! ¿Es que la divinidad ha de haber encontrado siempre para con nosotros remedios peores aún que las dolencias? Si hubiera querido guardar la fe que mi mujer se merece, habría tenido que ofrecerme a la muerte, y si no hubiera querido morir, faltar, miserable, a la fe jurada. Pero no es el terror, sino la ternura, estremecida, lo que le vence a uno, pues que a la perdición de los padres se seguirá la de su prole. ¡Oh, santa justicia, si es que en los cielos te hallas, invoco y atestiguo tu sentido! Los hijos vencieron al padre y a ella misma la vencieron.

(Al tiempo que se hace el oscuro, la voz de Edmundo se apaga. Cuando la escena se ilumina

de nuevo, Barbero *está concentrado en la lectura de un libro.* Julia *se asoma al camerino.*)

JULIA ¿Se puede?

BARBERO ¡Adelante! (*Alza la vista.*) ¿Usted? Hace menos de diez minutos que la he llamado al periódico. Me han dicho que no estaba.

JULIA (*Sin saber muy bien qué decir.*) Bueno, heme aquí.

BARBERO ¿Tiene alas?

JULIA Cuando hace falta, vuelo.

BARBERO No era necesario que viniera. Pensaba llamar más tarde.

JULIA Da igual. Usted dirá.

BARBERO Solo quería darle una buena noticia. Me han ofrecido el papel de Basilio para la gira.

JULIA Ha aceptado, supongo.

BARBERO Desde luego.

JULIA Enhorabuena.

BARBERO Pensaba que si finalmente se decide a escribir el reportaje…

JULIA No dije que fuera a hacerlo.

BARBERO   Ya sé. Ya sé… Dijo que podría… con el mate-
          rial que había reunido.

JULIA   ¡Podría! Claro que podría. Pero creo que no
          lo haré.

          (BARBERO *guarda un prolongado silencio.*)

BARBERO   Está bien. No hace falta que me diga porqué.

JULIA   No es solo por lo que usted piensa.

BARBERO   Me está pasando factura por lo que hice. (JU-
          LIA *calla.*) No trato de disculparme, pero me
          sentó mal que no supiera nada de mí.

JULIA   Es cierto, lo ignoraba todo de un actor llama-
          do Edmundo Barbero.

BARBERO   Ahora sabe quién soy.

JULIA   No gracias a usted.

BARBERO   Lo siento.

JULIA   En nuestro primer encuentro, dejó que me
          fuera de vacío.

BARBERO   Me comporté como un energúmeno.

JULIA   La verdad es que sí. Y cuando nos vimos de
          nuevo, rechazó que le invitara a un café. Un
          feo detalle.

BARBERO   Eso podemos remediarlo. En realidad, podemos remediarlo todo. Lo del café y lo demás. Lo del café, sin salir del camerino. (*Saca de un armarito dos tazas pequeñas, un termo y algunos terrones de azúcar.*) Lleno el termo en Dorín. Aquí se conserva caliente toda la tarde. ¿Qué le parece?

JULIA   Que no debo rechazar la invitación.

BARBERO   (*Sirviendo.*) En cuanto a lo otro, admito que mi comportamiento ha dejado mucho que desear. Le pido perdón. No solo eso. Que me dé la oportunidad de rectificar.

JULIA   ¿El qué?

BARBERO   Esa entrevista malograda...

JULIA   Creo que fue un error proponérsela. (*Medita lo que va a decir.*) Fue un error, sí. Bien mirado, le sobraban motivos para negarse. ¿Quién era yo? ¿Qué referencias tenía de mí? ¡Ninguna!

BARBERO   Es una garantía que trabaje para un periódico como *El Independiente*.

JULIA   ¿Garantía de qué? Entré gracias a un amigo de mi padre. ¿Le he dicho que mi padre es médico? Pasa consulta en Puerta de Hierro.

BARBERO   Es un hombre influyente.

JULIA   Conoce gente, lo cual es bueno. Pero tiene algún que otro pequeño inconveniente. Por ejemplo, que esa gente espera que seas como tu padre y cuando haces ciertas cosas (*Con retintín, como si la estuvieran amonestando.*) que él nunca hubiera hecho, te miran como si te hubieras salido del tiesto. De modo que, a veces, cuando me meto en camisa de once varas, acabo arrepintiéndome. A lo que íbamos… Usted no había leído ninguna de mis colaboraciones.

BARBERO   Antes no. Ahora la sigo a diario. Además, Antolín Alvar me ha hablado de usted en unos términos tan elogiosos…

JULIA   Estoy de acuerdo en que hagamos las paces, señor Barbero. Es más, lo estoy deseando. Pero solo eso. Lo de la entrevista y el reportaje es agua pasada. En realidad yo no he venido por su llamada…

BARBERO   ¿No le han pasado el recado?

JULIA   Hoy no he puesto los pies en la redacción.

BARBERO   ¿A que ha venido, entonces?

JULIA   Digamos que… de visita. Siento un gran respeto por usted, señor Barbero. Tanto que, a pesar de nuestros rifirrafes, me gustaría tener un recuerdo suyo.

BARBERO   ¡Que disparate! Vamos, Julia. ¿Qué podría darle?

JULIA   Quiero que me dedique una foto.

BARBERO   (*Señalando las que decoran el camerino.*) Elija la que prefiera.

JULIA   La traigo yo. Usted solo tiene que escribir un par de líneas y firmarla.

(JULIA *le muestra un pequeño libro que lleva consigo. Edmundo* BARBERO *contempla la ilustración de la portada. Aunque lo intenta, no logra ocultar su emoción.*)

BARBERO   Esta foto...

JULIA   Es una escena de *Divinas palabras*.

BARBERO   Ese soy yo.

JULIA   El Trasgo Cabrío.

BARBERO   (*Imitando al personaje.*) ¡Jujurujú! (*Ríe.*) ¡Quién me conoce! Debía tener su edad.

JULIA   ¿Veinticinco años?

BARBERO   Quizás alguno menos, aunque esa barba greñuda me hacía parecer mayor. ¡Y Margarita!

JULIA   ¿Se acuerda de ella?

BARBERO   Fue hermoso trabajar a su lado. (BARBERO *busca algo con que escribir.* JULIA *le alarga un bolígrafo.*) Gracias.

(*Se sienta y piensa la dedicatoria.*)

JULIA   Conoció bien el escenario del Español.

BARBERO   Como la palma de mi mano. Allí fui Víctor, el que escapa con Yerma. Y, en *La sirena varada*, Pipo, el empresario del Circo Palace, gran cinturón de la reina de Inglaterra. El joven Liseo de *La dama boba*... (*Se queda pensativo.*) ¿Qué le parece para un principiante?

JULIA   Todo un récord.

BARBERO   Aunque parezca mentira, no exagero.

JULIA   Lo sé.

BARBERO   Lo dice tan segura...

JULIA   ¡No he de estarlo! Cuando le pedí por segunda vez que me atendiera, Edmundo Barbero estaba a punto de dejar de ser mi asignatura pendiente.

BARBERO   No me lo recuerde.

(JULIA *sella su boca con el dedo.* BARBERO *vuelve a la dedicatoria. La redacta despaciosamente. Cuando acaba, se levanta y entrega a* JULIA

el bolígrafo y el libro. Ella lee lo que ha escrito.
Sonríe y, en una acción repentina, lo besa en la
mejilla. Rápidamente, se aparta y, como si pen-
sara que su impulso estaba fuera de lugar, esbo-
za un gesto de disculpa al tiempo que guarda el
libro. BARBERO, *conmocionado, tarda en reac-*
cionar. Lo hace reteniendo a JULIA *por los hom-*
bros con ambas manos.)

JULIA   ¿Qué hace?

BARBERO   Nada.

JULIA   ¡Suélteme!

BARBERO   (*Haciéndolo.*) ¿Le he hecho daño?

JULIA   Me ha asustado.

BARBERO   ¡Por qué? ¡Que disparate! Lo siento. Lo siento. No soy un viejo verde.

JULIA   Yo, en cambio, soy tonta de remate. (JULIA *toma*
las manos de Edmundo BARBERO *y las acaricia*
con ternura.) ¿Me disculpa?

BARBERO   (*Azarado.*) El café se está enfriando. (BARBE-
RO *alcanza la taza a* JULIA. *Da un sorbo del suyo.*)
Está helado. Queda más en el termo.

JULIA   Déjelo, no se preocupe. (*Mira el reloj sin pres-*
tar demasiada atención a la hora que marca. Lo

que dice suena a pretexto.) Debería pasar por el periódico.

BARBERO   No falta mucho para que empiece la función. Pero si tiene prisa, no la entretengo.

JULIA   Tomamos el café y me voy.

BARBERO   De acuerdo. Acérqueme su taza. (*Mientras sirve.*) ¿Puedo hacerle una pregunta, Julia? (*Ella asiente, con una leve inclinación de cabeza.*) Gracias. (*Tarda en formularla.*) ¿Qué más sabe de mí?

JULIA   Después de su paso por el Español, nada.

BARBERO   Seguí algunos meses con la Xirgu.

JULIA   Pero cuando viajó a Cuba, su nombre no figuraba entre los actores que la acompañaron.

BARBERO   No pudo ser. Mi madre estaba enferma y no quise alejarme de ella. Actuamos en Santander. Al día siguiente, ellos embarcaron y yo les dije adiós desde el muelle.

JULIA   ¿Y luego?

BARBERO   (*Apura su taza de café.*) Murió mi madre. (*Guarda silencio durante algunos segundos.*) Y estalló la guerra. Seguramente usted oyó hablar de la guerra. Yo la viví. Quiero hablar de ella. Y de lo que vino después.

JULIA   Señor Barbero, yo...

BARBERO   No estoy pensando en la entrevista. ¿Quién se acuerda ya de la maldita entrevista? Ni en el reportaje...

JULIA   Entonces... ¿Qué sentido tiene todo esto?

BARBERO   No lo sé. De verdad que no lo sé. Necesito que me escuche. De pronto, la cabeza se me ha llenado de recuerdos.

JULIA   Grábelos.

BARBERO   No me ha comprendido.

JULIA   Tengo que irme.

BARBERO   ¿Ya? ¿Por qué?

JULIA   Habíamos quedado en que...

BARBERO   Todavía no se ha tomado el café.

(JULIA *lo bebe de un sorbo y pone la taza boca abajo para demostrar que está vacía.*)

JULIA   ¡Ni una gota!

BARBERO   Unos minutos...

JULIA   ¿Por qué no lo dejamos para otro día?

BARBERO   Le estoy pidiendo un favor. Un pequeño favor.

JULIA   Se lo haría, pero no creo que sea la persona
               adecuada.

BARBERO   Adecuada, ¿para qué? Lo único que le pido es
               que me escuche.

JULIA   Señor Barbero, ¿por quién me toma? Solo soy
               una periodista. ¿Comprende?

BARBERO   Una profesional que no acostumbra a perder
               su tiempo escuchando lo que no le interesa.

JULIA   No he dicho eso.

BARBERO   ¿Qué ha dicho entonces?

JULIA   ¡Nada!

BARBERO   Hagamos un trato. Yo hablo y usted escucha.
               No tiene necesidad de hacer preguntas. No se
               preocupe por el tiempo que le haga perder.
               Póngale precio. Se lo pagaré. ¿Qué me dice?

JULIA   ¿Por qué no escribe sus recuerdos? Es una
               buena terapia para echarlos fuera.

BARBERO   (*Indignado.*) ¡No soy un enfermo!

JULIA   ¡Claro que no! ¡No he querido decir eso!

BARBERO   Pero lo ha dicho.

JULIA	Mucha gente escribe sus memorias y no está loca.
BARBERO	Me parece admirable. Pero yo no sé enfrentarme a un papel en blanco. Soy actor. Lo mío es tener a alguien delante...
JULIA	Espectadores.
BARBERO	Espectadores, sí.
JULIA	Aunque solo haya uno, como ahora.
BARBERO	Para esto es suficiente. Lo siento Julia. Se arrepiente de haber venido, ¿a que sí?

(JULIA *no responde. Resignada, se sienta.*)

JULIA	Murió su madre. Y estalló la guerra.
BARBERO	¿De verdad está dispuesta a escucharme?
JULIA	¿No lo ve?
BARBERO	Gracias. (BARBERO *acerca su silla a la de* JULIA. *Sentado al borde, con el cuerpo inclinado hacia delante y el rostro cubierto con las manos, hace memoria. Al cabo, inicia su relato.*) Mi madre vivía en Sevilla. Su hermano me avisó de que estaba enferma. Acudí a su lado. Empeoró y tuve que llevarla al hospital. Allí pasó los tres últimos meses de vida. A punto de agotar los pocos ahorros que tenía, entré en una compañía

que, de cara al verano, ofrecía al aire libre obras de los Quintero.

JULIA   Nada que ver con lo que hacía antes.

BARBERO   ¡Por supuesto! ¡Como echaba de menos a Margarita! Pero me ayudaba a sobrevivir. Mientras tanto, hacia planes. Encontré gente interesada en recuperar un teatro convertido en cine. ¿Conoce la calle Sierpes?

JULIA   Sierpes, la Campana… ¡Claro que sí! En pleno centro…

BARBERO   Allí estaba el local. Se llamaba «El Imperial». Quizás exista todavía.

JULIA   Creo que sí… No estoy segura.

BARBERO   Es igual. De pronto, los acontecimientos se precipitaron. Murió mi madre. La enterramos y, del cementerio, fui al teatro. Salí a escena. Como todos los días. Al acabar, alguien comentó que había estallado una sublevación militar en Marruecos. Por la mañana, la radio lo confirmaba. Proclamas de los rebeldes, desmentidos, llamamientos a la resistencia… Y en medio de tanta confusión, la voz de un general proclamando que Sevilla se había unido al Movimiento Nacional. Se llamaba Queipo de Llano. Me eché a la calle y la encontré llena de carros de combate y de camiones cargados de soldados. No mentía el militar. El ejército la había tomado. Me reuní con el resto de la compañía. Decidimos suspender las representaciones. Al día siguiente, las reanudamos. El empresario había recibido órdenes de hacerlo. Como si no pasara nada.

JULIA   Órdenes, ¿de quién?

BARBERO   Nunca lo supe. Da igual. Empezaron a circular rumores que ponían los pelos de punta. Se hablaba de detenciones, de fusilamientos, de paseos...

JULIA   ¿Paseos?

BARBERO   Se llevaban a la gente de madrugada y la fusilaban junto a las tapias del cementerio. Costaba creer que tanta barbarie fuera cierta. Mi tío me tranquilizó. De lo que se cuenta, créete la mitad de la mitad. Pero un día uno de los actores no se presentó. Preguntamos por él. Tuvimos la callada por respuesta. No insistimos. El caso es que no volvió. Otro fue contratado para ocupar su puesto. La ciudad se había llenado de guardias civiles, de policías y de falangistas. Uno de ellos, vestido de uniforme y armado con un enorme pistolón me paró a la entrada del teatro. «¿Nos conocemos?», me preguntó mirándome de arriba abajo. «No», le respondí. «¿No estabas en Madrid con la zorra de la Xirgu?». Mentí. «Nunca he trabajado con ella. Debe confundirme con otro». Él también mintió. «A lo mejor».

Mediada la representación, le vi entrar con dos o tres individuos. Se quedaron al fondo, junto a la puerta. Hice un mutis. En lugar de quedarme entre bastidores esperando a mi próxima entrada a escena, corrí hasta la barraca que hacía las veces de camerino, cogí mi ropa y escapé por la trasera del escenario. Fui a casa de mi familia. No había nadie. Un vecino me dijo que mi tío se había alistado o le habían movilizado, no sabía bien, y que los demás, la mujer y los hijos, se habían ido al pueblo. Me escondió un amigo en la buhardilla de su casa. Allí esperé el momento de pasarme a la zona republicana. Un día tras otro, amenizado por la mala follá de un vecino fascista. Queipo solía castigar los oídos de los sevillanos desde la radio con violentas arengas. A las diez de la mañana, a las tres de la tarde y a las diez de la noche. Cuando el locutor decía «Aquí Radio Unión, con ustedes el general Queipo de Llano», el vecino cabrón la ponía a todo volumen y gritaba: «Todo el mundo atento, que habla el rey de Sevilla». Y el rey de Sevilla ladraba, mugía, rebuznaba... (*El rostro de* BARBERO *se ilumina. Se levanta y busca algo que se parezca a un micrófono. Recita con voz aguardentosa.*)

¡Señores!

Aquí un salvador de España.

¡Viva el vino! ¡Viva el vómito!

Esta noche tomo Málaga.

El lunes tomé Jerez.

Martes, Montilla y Cazalla.

Miércoles, Chinchón, y el jueves,
borracho, y por la mañana
todas las caballerizas
de Madrid, todas las cuadras,
mullendo los cagajones
me darán su blanda cama.
¡Oh, qué delicia dormir
teniendo por almohada
y al alcance del hocico
dos pesebreras de alfalfa..
(*Hace una pausa. Mira a* Julia *tratando de adivinar el efecto que causan sus palabras. Advierte en ella una rara mezcla de asombro y de suspicacia, como si sospechara que esta siendo objeto de una broma. Simulando seriedad, prosigue.*)
Que los colegios se cierren,
que las tabernas se abran.
¡Nada de Universidades,
de institutos, nada, nada!
Que el vino corra al encuentro
de un libertador de España.
(Barbero *esboza una sonrisa y deja de actuar.*)
No me mire como si fuera un bicho raro. No he perdido los papeles. Claro que Queipo no hablaba así. Así hablaba yo cuando el azar quiso que me convirtiera en su caricatura en una farsa disparatada. Pero eso sucedió más adelante.

JULIA   (*Con gesto de alivio.*) Parecía un títere.

BARBERO   Más lo era el que sirvió de modelo. Un tipo apocalíptico que daba miedo. (*Lo imita con voz desgarrada y eufórica.*) ¡El movimiento nacional surge triunfador por todas partes! Los falangistas que sufrían prisión, han sido puestos en libertad y ya están combatiendo a nuestro lado. ¡Temblad, granujas e invertidos! ¡La suerte está echada y decidida por nosotros! Es inútil que la canalla resista. Los alborotadores que se oponen al movimiento, que incitan a las turbas y les dan armas y municiones para luchar contra los que representamos la dignidad del ejército y la santa causa de la patria serán cazados como alimañas. Sobre ellos caerá el peso de la ley marcial. Vivirán poco tiempo. Les daremos café, mucho café. Nunca digo palabras en balde. ¡Arriba los corazones! ¡El marxismo agoniza! ¡Viva España!

(BARBERO *se queda mudo, asustado de sus propias palabras.*)

JULIA   Continúe.

BARBERO   Sí... Perdón. (*Desde el pasillo llega la voz del traspunte dando el primer aviso. Con fastidio.*) Tenemos que dejarlo.

JULIA   Lástima... Aunque podríamos...

BARBERO   ¿Qué propone?

JULIA   ¿Hay ensayo esta noche?

BARBERO   No, hoy no.

JULIA   ¡Estupendo! ¿Qué tal si quedamos después de la función?

BARBERO   ¿No le importa...?

JULIA   Le espero en Dorín.

BARBERO   Un momento…

(Busca una cinta y se la ofrece.)

JULIA   ¿Esto?

BARBERO   Escúchela.

JULIA   Gracias.

(Edmundo BARBERO acompaña con la mirada a JULIA hasta que desaparece por el pasillo. Coloca sobre el respaldo de su silla el traje de Clotaldo. A punto de empezar a desvestirse, piensa en lo que va a contarle y la mejor forma de hacerlo. Al tiempo, va ordenando las ideas en voz alta y resolviendo sus dudas a través de un diálogo que mantiene consigo mismo.)

BARBERO   Toca hablar de cómo escapé de Sevilla y llegué a Madrid. Una odisea. De día, me escondía en cualquier sitio para no ser visto. De noche, viajero en el furgón de cola de los trenes de mercancías. España empezaba a convertirse en un cementerio inmenso.

(*Se queda pensativo. Alguna idea le ha venido a la cabeza. Busca apresuradamente una cinta virgen y la coloca en el magnetófono.*) Julia (*Graba.*) España empezaba a convertirse en un cementerio inmenso. Toda precaución era poca. Respiré cuando me vi en la estación de Atocha. ¿Sabe lo que hice? Meterme en una casa de comidas y darme un banquete. (*Calla. Interrumpe la grabación.*) ¡De aquel banquete nada! ¡Ni una palabra! Bonita imagen de glotón darías. Marcha atrás. Vuelta a la estación. Estás en medio del andén, con lo puesto y cuatro duros en el bolsillo. (*Rebobina y borra la última frase. Graba de nuevo.* Busqué a mi gente. No la encontré en los teatros. Estaban cerrados. En alguno daban cine. La encontré en los cafés de siempre. ¡Dios, se me cayó el alma a los pies! Solo veía caras largas. Había motivos. Hasta una semana antes, en casi todos los teatros había función o se preparaba algún estreno. Bastó que las tropas franquistas asomaran el morro por la Casa de Campo para que se diera el cerrojazo. ¡Fuera representaciones, fuera ensayos! Los cómicos, a casa. Pasó el miedo. O nos acostumbramos a él. El caso es que, poco a poco, fuimos volviendo a la normalidad. Encontré acomodo en una compañía de medio pelo. No había mucho donde elegir. El discípulo de la Xirgu guardó en el armario el prestigio que ya tenía ganado e hizo de todo, hasta contar chistes en espectáculos de variedades. No me avergüenzo de haber hecho aquellas payasadas. Es lo que había...

Aunque, en realidad, hoy, todo eso, carece de importancia. ¿Qué le parece si voy al grano, Julia? ¡Adelante! Damos un salto de la estación de Atocha al teatro de la Zarzuela. Tuve la suerte de encontrarme con un eléctrico que había conocido en el Español. «Edmundo, los del teatro de Arte y Propaganda preparan la obra de un ruso. Una historia de marineros durante la guerra civil». (*Aclarando sus palabras.*) La guerra civil de ellos... «¿Por qué no te pasas por allí?», me dijo. (*El traspunte da el segundo aviso, pero* BARBERO, *embebido en su relato, no le presta atención.*) Fue providencial. La obra en cuestión se titulaba *La tragedia optimista*. Me dieron el papel de un oficial de marina. Allí se hacía teatro. Con dignidad. Me reconcilié con él. Yo era, lo que se dice, un actor seguro, con oficio. Mi dicción era buena y, en los diálogos, sabía escuchar al otro. Sin embargo, desde que me separé de Margarita, en esas compañías de mala muerte... ¡Tengo que hablar de ello! ¿Cómo se puede entender, si no, lo que estoy diciendo? De forma inconsciente, mis palabras habían perdido fuerza, sin que me importara si llegaban o no al público. Significaban tan poco que memorizaba los textos sin desentrañarlos. Representando aquella obra, recuperé el gusto por el trabajo bien hecho. Un gran actor italiano decía que las palabras son lanzas cuyas trayectorias deben ser seguidas, que no basta con arrojarlas. Hay que saber adónde van a parar, qué sucede cuando golpean la conciencia de los espectadores. Eso hice. Y, al comprobar los resultados, percibí de nuevo el inmenso poder del lenguaje. Es tal, que ningún escudo puede alzarse a su paso sin resultar abatido. Decidí que no quería ser mera correa de transmisión del discurso dramático del autor, que no estaría de más que la personalidad del actor se introdujera en la de los personajes que interpretaba. En ello puse todo mi empeño, de modo que, desde entonces, añadía a mi actuación algún sentimiento propio. (*Hace una pausa.*) Aquel teatro fue mi segunda escuela. Cuanto aprendí en él, forma parte de mi bagaje profesional. (*Guarda silencio de nuevo.*) Después vino la *Numancia* de Cervantes. El escenario era como un espejo en el que se reflejaban los sucesos del exterior. Se sentía en la sala el estruendo de los bombardeos. Llegó a no molestarnos, a ser la música de fondo del espectáculo. Libramos nuestra pequeña guerra durante tres meses. El público era tan distinto al habitual... Soldados con permiso, trabajadores... Gentes humildes que nunca habían pisado un teatro... Al principio, renegaba de ellas. Comían pipas. Sin parar. Sin parar. Después de la función había que barrer las cáscaras. Montañas de cáscaras. A veces, ante determinadas escenas, el crujido cesaba de repente y en la sala se hacía un silencio extraño. Hay silencios que se oyen. Aquél era uno de ellos. Me gustaba. Pero entonces sucedió algo. En todas partes hay gerifaltes que se empeñan en complicar la vida. Los nuestros opinaban que una función que acaba mal, con la derrota de los sitiados, no sirve para mantener firme la moral del pueblo. «¡En los tiempos que corren, es un disparate representar tragedias!», decían los detractores. «¿Por qué?», me preguntaba. Si hubieran consultado al público, habrían recibido, tal vez, una respuesta sorprendente... No lo hicieron. Decidieron que dejáramos de representar *Numancia*. Entonces, alguno de nosotros dijo: «si aquí no nos quieren ¿por qué no ir hasta las trincheras con nuestro teatro?» Y allá que nos fuimos, a dos pasos de la línea de fuego. Llevábamos un escenario desmontable que armábamos nosotros mismos. A veces, actuábamos en salas de cine. Dónde no lo había, en locales improvisados... Hasta en la plataforma de un tren. No teníamos decorados. Unos biombos de colores bastaban. Y un piano portátil. También teníamos un piano. Después de las representaciones, cantábamos y bailábamos con los vecinos y los soldados... (*Tararea una de las canciones de la resistencia. La escena empieza a oscurecerse.*) Luego, regresábamos a Madrid. Yo lo hacía a disgusto. Me apetecía estar en el frente, con aquella gente. No podía ser y lo que encontraba aquí era poco edificante. ¡Mal tufo el que desprendían las tablas! En cártel, obras deleznables. *Cuidado con la Paca, Se rifa un hombre, Hijas de mi vida, Olé con olé...* Y para colmo, actores que salían a escena sin saberse el papel o que, de repente, se ponían a hablar con el público. En una sala nauseabunda, entre dos escenas de burdel, la compañía entera cantó La Internacional. Se lo recriminé y la vedette de turno me dijo que así aunaban el fervor escénico y el político. Otros colegas habían convertido sus camerinos en escondrijos de la quinta columna. (*El traspunte da el tercer y último aviso.* BAR-BERO *se sobresalta. Interrumpe la grabación y se apresura a vestirse para salir a escena. Se hace el oscuro total. Llegan los ecos lejanos de canciones de guerra acompañadas por la música de un piano desafinado. Al día siguiente. Edmundo* BARBERO *entra al camerino y enciende la luz. Encuentra a* JULIA *en el centro, de espaldas.*) Anoche, no estaba en la cafetería.

JULIA   No.

BARBERO   Habíamos quedado.

JULIA   Lo sé.

BARBERO   ¿Entonces?

JULIA   Llegaron unos amigos y se me fue el santo al cielo.

BARBERO   Me tranquiliza saber que no fue por nada grave.

JULIA   (*Incómoda.*) ¿Qué hizo usted?

BARBERO   Esperar un rato, tomar un café, preguntar al camarero... Irme a casa. No necesita disculparse por el plantón.

JULIA   Debería, pero me faltan palabras.

BARBERO   Entre la cháchara de un viejo cómico y la compañía de gente joven y despreocupada, la elección es sencilla. No hay color. ¿Lo pasó bien?

JULIA   (*Volviéndose hacia el actor.*) Yo... Verá, señor Barbero. A lo que he venido es a escucharle. Le prometí hacerlo. Nos habíamos quedado en Sevilla. ¿Qué sucedió luego?

BARBERO   (*Encogiéndose de hombros.*) Nada.

JULIA   No es verdad.

BARBERO   Nada interesante.

JULIA   No era eso lo que decía ayer.

BARBERO   Ayer me comporté como un niño mal criado que llora y patalea si no lo escuchan. Ya se me pasó el berrinche, de modo que la libero de su compromiso. Vuelva a su trabajo. O con sus amigos.

JULIA   Dijo que me pagaría por el tiempo que le dedicara.

(BARBERO *no da crédito a las palabras de* JULIA. *Tarda en reaccionar.*)

BARBERO   Así es. Ha hecho bien en recordármelo. Dígame lo que le debo.

JULIA   Me debe el resto del relato. Con eso, la cuenta queda saldada.

BARBERO   Según lo convenido, no. A más relato, mayor deuda.

JULIA   Usted quería que alguien le escuchara. ¿Cierto?

BARBERO   Bueno, sí, pero ya le he explicado que...

JULIA   Contrató mis servicios.

BARBERO   Dicho así...

JULIA   ¿Qué?

BARBERO   Usted, no lo sé. Pero yo me siento incómodo hablando en estos términos tan... ¿Cómo diría?

JULIA   Comerciales.

BARBERO   Eso es.

JULIA   Señor Barbero, yo acepté escucharlo. No quiero nada a cambio. Asunto zanjado, pues. ¿Le parece? Ahora le pido que siga contándome su historia, porque soy yo la que está interesada en conocerla.

BARBERO Lo dudo.

JULIA Ya lo estuve.

BARBERO Se arrepintió enseguida.

JULIA He cambiado de opinión. (BARBERO *sonríe.*) ¿No me cree?

BARBERO Desde luego que no.

JULIA Pagaría por ello.

BARBERO No vuelva a hablar de dinero...

JULIA ¿Cómo puedo convencerlo?

BARBERO No malgaste su tiempo.

JULIA Eso mismo me dijeron anoche.

BARBERO ¿Sus amigos?

JULIA En realidad, no me encontré con ningún amigo.

BARBERO Me ha parecido entender...

JULIA   Me ha entendido bien. Es lo que le he dicho, que llegaron unos amigos. Pero la verdad es que...

BARBERO   Julia, a mi me da lo mismo con quién se encontró o dejó de encontrarse. El caso es que, cuando llegué a Dorín, usted no estaba. Y tampoco se hunde el mundo por eso.

JULIA   Mientras lo esperaba, entró Antolín Alvar.

BARBERO   Es cliente habitual.

JULIA   Se sentó conmigo. Me dijo que después de la función, usted tenía un ensayo con su ayudante y que, lo más probable, es que llegara muy tarde.

BARBERO   Es verdad. Tuvo la ocurrencia de que pasara la letra de Basilio. ¡Me sé la obra de pe a pa! Solo me retrasé unos minutos, pero usted ya se había ido.

JULIA   Pensaba regresar. Alvar me invitó a toma algo en otro lugar para hacer tiempo. Cuando quise darme cuenta había pasado más de una hora. «Olvídate de la cita. Lo más probable es que Edmundo no haya ido o que, si ha ido, no te haya esperado», me dijo. «¿Tú crees?», le pregunté. «El señor no soporta que le den plantón».

BARBERO   ¿Dijo eso?

JULIA   Y añadió: «además, ¿no tienes otra cosa me-
           jor que hacer?». Pidió otra copa. Bebimos bas-
           tante. Casi al final, volvió a hablar de usted.
           No podría repetir lo que dijo. Estaba muy ma-
           reada. Pero le aseguro que no fue demasiado
           amable. (*Percibiendo en* BARBERO *un gesto de
           dolor.*) No debería habérselo dicho. No se lo
           hubiera dicho si usted hubiera accedido a con-
           tarme el resto de su historia. Tal vez, ni si-
           quiera estaría aquí, si Alvar no me hubiera te-
           lefoneado esta mañana para decirme: «Nena,
           te tomas un interés excesivo por Barbero. Si
           me apuras, reconozco que es un buen actor.
           Nada más. Tiene poco que contar y, ese poco,
           carece de interés. Olvídalo».

BARBERO   Hágale caso.

JULIA   Señor Barbero, ahora no soy la periodista Ju-
           lia Ayuso. (*Mostrando la cinta que* BARBERO *le
           dio la víspera.*) Ahora soy Julia Ayuso, a secas,
           una mujer de veinticinco años que quiere sa-
           ber. ¿Por qué no me deja que sea yo la que eli-
           ja al maestro?

BARBERO   ¡Maestro yo! Un bicho raro. Y un izquierdis-
           ta peligroso. (*Ríe. Le pasa una cinta.*) Ahí va,
           la segunda entrega. ¡Material subversivo!

JULIA   ¡Mil gracias! Hace una noche espléndida. ¿No
           le apetece que demos un paseo?

(BARBERO *asiente. Salen. Se hace el oscuro. Se oyen voces. Proceden de la sala de ensayos.*)

ALVAR (*Voz en off.*) Hemos terminado. Mañana aquí, a la misma hora. (*Cuando la sala de ensayos se ilumina, los actores ya la han desalojado. Quedan en ella Antolín* ALVAR *y Edmundo* BARBERO.) ¿Quieres algo, Edmundo?

BARBERO Verás… Ayer estuve con Julia Ayuso.

ALVAR ¿Cuándo no?

BARBERO ¿A qué viene ese comentario?

ALVAR A que lo dices como si se tratara de un suceso extraordinario. La novedad sería que no la hubieras visto. Por lo demás, a mí ni me va ni me viene con quien fumas. Bueno, no me gusta que sea en el camerino. Aunque tampoco me quita el sueño.

BARBERO ¡¿De qué hablas?!

ALVAR Te la has llevado al huerto. ¡Enhorabuena, Edmundo! Pero no vengas a contarme cómo lo has conseguido.

BARBERO Antes a cualquiera que a ti, si fuera verdad.

ALVAR ¿No lo es?

BARBERO ¡No!

ALVAR ¿Y qué quieres que yo le haga? Lo siento. La verdad es que la niña está de toma pan y moja. Un caramelo, vamos.

BARBERO ¡Basta, Antolín! Sabes de sobra cual es mi relación con Julia. Puede que tenga ocupaciones más rentables que aguantar mi conversación, pero es ella la que debe decidirlo.

ALVAR ¡Acabáramos! ¿Era eso? ¡No me toques los cojones!

BARBERO También le dijiste que tengo pocas cosas interesantes que contar.

ALVAR (*Harto.*) ¿Es mentira?

BARBERO ¿Tú qué sabes? ¿Qué sabes de mí? ¡Nada! ¡Nada!

ALVAR Le estás comiendo el coco con tus ideas trasnochadas. Y ella, que en el fondo es una cría, se traga embobada tus raciones de basura ideológica. ¿Conoces a su familia? ¡De derechas de toda la vida! Personas respetables. Deja de hacer proselitismo, de complicar su vida.

BARBERO ¡Nunca lo he pretendido!

ALVAR ¿A quién le importa la vida de Edmundo Barbero? ¿Quién tiene la obligación de conocerte? No haberte ido.

BARBERO   (*Crispado, temblándole la voz.*) ¡No me fui a ver qué pasaba por el mundo! ¡Me fui a la fuerza! Cuando acabó la guerra, me buscaban. Estuve refugiado en la embajada de Chile. Amenazaron con asaltarla. Pude salir y escapar a América.

ALVAR   No fuiste el único.

BARBERO   Desde luego que no.

ALVAR   Muchos volvieron.

BARBERO   También yo quise hacerlo.

ALVAR   ¿Te lo propusiste en serio o preferiste quedarte porque a los republicanos os trataban de puta madre?

BARBERO   Soñaba con rehacer mi vida aquí, como ellos. No me atreví.

ALVAR   ¿Qué culpa tenemos los demás?

BARBERO   Había decidido regresar. Mi esposa estaba de acuerdo. Algunos amigos hicieron gestiones para saber si las autoridades lo permitirían y si todavía había riesgo de que me detuvieran. Todo parecía resuelto. Me despedí de los amigos de allá y anuncié a los pocos que había dejado aquí de mi inminente llegada. También a mi familia. Un hermano de mi padre me escribió aconsejándome que no me precipitara. Pero yo estaba decidido. Tenemos los pasajes en el bolsillo, le respondí. A vuelta de correo, me envió un recorte de prensa. Lo leí tantas veces que no lo he olvidado. (*Lo recita de memoria, con los ojos cerrados.*) ¡Ya se salvó el teatro! Parece que vuelve Edmundo Barbero. Nada tenemos que oponer a su decisión, aunque durante los quince años que dura su ausencia no haya desperdiciado ocasión de manifestar su odio a España. Nos parece bien que, acogiéndose a la generosidad del gobierno, retorne a esta patria olvidadiza respecto a los desmanes de sus hijos díscolos, y que se encarame a los escenarios para devolver al teatro la pretenciosidad y el insufrible amaneramiento de antaño. Peor llevaremos que castigue de nuevo, con su voz aguardentosa, nuestro pobre sistema nervioso. Nos parece excelente que venga con las ideas que le de la gana, a condición de que las guarde para él y para los cuatro supervivientes vergonzantes de su misma cuerda. No nos gustaría, en cambio, que las pregonara a los cuatro vientos con el afán de remover nuestras tranquilas aguas. Limítese, pues, a su trabajo de actor, si alguien se aviene a contratarle. De lo contrario, dejaremos de manifestar con la pluma nuestra ausencia de júbilo por su presencia y pediremos que, como a los fantasmas que vuelven al castillo, castillo de bambalinas en este caso, se le proporcione la paz de los muertos. Amén. (*Calla.*) Junto al recorte había una carta de mi tío. Tu regreso nos compromete, sobre todo en estos momentos en que, después de algunas calamidades que tu tía y yo preferimos olvidar, empiezo a levantar cabeza. Anulé el pasaje. (*Se produce una larga pausa.*) ¿No tienes nada que decir?

ALVAR Yo era pequeño entonces. De esas cosas no me acuerdo.

BARBERO Pero sucedían. Había que tomarse en serio las amenazas.

ALVAR Por lo que sea, pasó tu hora. Entonces, todavía se te conocía. A las pruebas me remito. El que escribió el panfleto sabía quién era Edmundo Barbero. Y como él, otros. Pero ahora... ¿No te das cuenta de que más de media España nació cuando tú ya no estabas aquí? ¿Qué nos importan tus chismes? ¿Quién desea escuchar un revoltijo de calamidades y de fanfarrias inventadas? Llegas tarde. El tío de América nos la trae floja. A callar y a trabajar. Es lo que toca.

BARBERO Trabajar, por supuesto. Pero callar... es matar los recuerdos. No sabía que tuvieras tan mala baba.

ALVAR Me la producen los aguafiestas como tú. La gente no quiere que le cuenten amarguras, quiere vivir en positivo...

BARBERO   ¿En positivo?

ALVAR   ¿Es que no lo ves?

BARBERO   ¿Qué tengo que ver?

ALVAR   Que al personal le va la marcha.

BARBERO   La marcha...

ALVAR   ¡Compruébalo, coño! ¿O estás ciego? ¿Sabes lo que te pasa? Que solo ves con el ojo del culo. ¡Bonito paisaje! La taza del water y tu propia mierda.

BARBERO   ¿Desde cuando hablas así? No te reconozco.

ALVAR   ¡Tira de la cadena! ¡Sal del retrete! Mira a tu alrededor. Mírame. Fíjate en mí. España ha cambiado. No se parece ni por los forros a la que tú dejaste cuanto cogiste las de Villadiego. Mientras hacías turismo por el Olimpo del exilio, aquí ya estábamos en el borrón y cuenta nueva.

BARBERO   La España que dejé no me gustaba. Esta, tampoco.

ALVAR   ¿Y qué? La estamos haciendo a nuestro gusto.

BARBERO   Pésimo gusto.

ALVAR   ¡Que mal debes estar pasándolo!

BARBERO   No me compadezcas.

ALVAR   Me gustaría echarte una mano...

BARBERO   Ya lo has hecho. Me has contratado.

ALVAR   No me refiero a eso.

BARBERO   Me harías un gran favor si dejaras de opinar sobre lo que digo o dejo de decir.

ALVAR   Cuenta con ello. (*Tratando de quitar hierro.*) Sabes de sobra que te aprecio, Edmundo.

BARBERO   La verdad es que te esfuerzas poco por demostrarlo.

ALVAR   Tú, erre que erre. ¿Tan ofendido te sientes?

BARBERO   Chasqueado.

ALVAR   Lo siento, querido. Intentaba ser cordial.

BARBERO   No lo has sido.

ALVAR   (*Zanjando la discusión.*) Buenas noches.

             (*Antolín* ALVAR *inicia el mutis.*)

BARBERO   Me iría de la compañía.

ALVAR   No estás aquí a la fuerza.

BARBERO   Puede que lo haga más adelante.

ALVAR   Por mí, ya.

BARBERO   Acostumbro a cumplir mis compromisos.

ALVAR   No te sientas obligado.

BARBERO   Lo estoy con el público.

ALVAR   ¡Qué te importará a ti el público! Aquí, todos estamos por la guita. Es lo único que merece la pena.

BARBERO   El trabajo bien hecho, el aplauso de la gente…

ALVAR   ¡La guita! Todo lo hacemos por ella. Está por encima de esas ambiciones con que nos llenamos la boca. Un buen papel, el tamaño de tu nombre en los carteles, los aplausos, no son nada si no sirven para conseguirla.

BARBERO   No en mi caso. No es dinero lo que me falta. He ganado lo suficiente.

ALVAR   En el tuyo, en el mío...

BARBERO   Si el teatro fuera eso... yo no querría seguir siendo actor.

ALVAR   Hacerse rico es el sueño secreto de cualquier artista.

BARBERO   Lo que dices es obsceno.

ALVAR   Más lo es el cinismo.

BARBERO   ¿Tantas miserias tiene esta profesión?

ALVAR   No son miserias. En ninguna otra el trabajador siente vergüenza de hablar de su salario, ni se conforma con menos de lo que le parece justo.

BARBERO   Pero nosotros...

ALVAR   ¿Qué?

BARBERO   Si nos pusiéramos delante de un espejo y nos viéramos como tú dices que somos, sería mejor cerrar los ojos.

ALVAR   ¡Qué manía por andar a ciegas! No tienes remedio, Edmundo. La vida es como es, y está bien que sea así. ¿Quieres un consejo? (BARBERO *no responde*.) Limítate a salir cada día al escenario y a representar el papel que te toque. Lo haces bien y bien seguirás haciéndolo. Te sobran tablas. Deja, en cambio, de jugar a ser tu propio personaje. Es pobre, aunque inventes historias para darle un relieve que nunca tuvo. (*Atajando el intento de protesta de* BARBERO.) Además, no me gustaría que acabaras representando esa obra en mi teatro. No está programada. El tema no me interesa.

Y estoy seguro de que al público, tampoco. En cuanto a Julia...

BARBERO   Tiene otra opinión.

ALVAR   Allá ella.

(ALVAR *hace un gesto entre despectivo e indiferente. Está a punto de añadir algo, pero desiste. Sale apresuradamente. Edmundo* BARBERO *permanece inmóvil. Contempla la sala de ensayos vacía. Parece recordar algo agradable. Va poniendo las sillas en círculo alrededor de una mesa. Luego, se coloca delante de ella, apoyado en su borde. Hace memoria. Sonríe. Se dirige al invisible auditorio.*)

BARBERO   Mi oficio... Ser actor es un oficio. ¡Pues claro que lo es! Un oficio que me ha hecho rico. No por lo que me ha dado a ganar. Me refiero a ciertas cosas impalpables, difíciles de pesar o de medir, tan poco estimadas que nadie se molesta en tasarlas y que para mí, en cambio, tienen un valor incalculable. Por ejemplo... Cada vez que entro en escena, me siento un sacerdote que oficia la misa para un público silencioso y devoto. Sacerdote, ¡no! Es poco. ¡Dios! Como él, puedo hacer milagros, vencer al tiempo y a la muerte... A la muerte, sí. Muero, me desplomo, cae el telón, suenan los aplausos y, antes de que suba de nuevo, me levanto de un salto y los recibo en pie. Los actores tenemos la habilidad de mostrar lo falso como verdadero, de dar gato por liebre, de llevarnos al personal al huerto. Quiero contarles algo. Una noche estaba con Vittorio Gassman, en Montevideo, los dos solos, sentados al fondo del patio de butacas del teatro Solís. En el escenario, un grupo de actores ensayaba. Vittorio se inclinó hacia mí y me dijo al oído: «vivimos en el mundo de lo fantástico y de lo original». «En efecto, nuestro trabajo es fascinante», le respondí. Y él añadió: «porque actuamos para mentir, para desmentirnos, para ser diferentes de lo que somos... y, sobre todo, actuamos porque nos volveríamos locos si no lo hiciéramos».

(*Se hace el oscuro. Antolín* ALVAR *examina unos papeles en su despacho. Suena el teléfono. Atiende la llamada.*)

ALVAR ¿Qué hay? (*Hace un gesto de fastidio.*) No se trata de un malentendido. Dígaselo... No tiene que hablar con nadie. A usted le han dado la orden y punto... ¿Conmigo? No puedo atenderla. Estoy ocupado... Aunque insista... ¡Que le espere en la calle!... ¡¡No la deje pasar!!... ¡Impídalo, joder! (*Cuelga violentamente el teléfono. Segundos después, aparece, hecha una furia,* JULIA *Ayuso.*) Te ha dicho el conserje...

JULIA Que estás muy liado.

ALVAR Lo estoy, lo estoy. Empezamos ya la gira.

JULIA   No te entretengo. Solo quiero saber...

ALVAR   Por qué no puedes entrar a los camerinos.

JULIA   Eso es.

ALVAR   ¿No te lo imaginas?

JULIA   Ni puta idea.

ALVAR   Julia, se han acabado las citas con Barbero en el teatro.

JULIA   ¿Puede saberse el motivo?

(ALVAR *le muestra un periódico que hay sobre la mesa.*)

ALVAR   (*Lee desgañitándose.*) ¡De incógnito en la compañía Corral de Comedias! ¡Desconocido para muchos, ignorado por otros, uno de los más ilustres actores españoles regresa del exilio para ocupar un discreto lugar en el reparto de *La vida es sueño*! ¡Edmundo Barbero busca el reconocimiento al que es acreedor! (*Arroja el periódico a los pies de* JULIA.) ¿De dónde has sacado eso? ¡Ilustre actor!

JULIA   Lo es.

ALVAR   ¿Te lo ha contado él?

JULIA   ¿Qué más da si ha sido él u otro, si es verdad?

ALVAR   ¡No lo es! ¡Una sarta de mentiras!

JULIA   Ha trabajado en los mejores teatros de América Latina. Lo adoran.

ALVAR   Cualquiera diría que América está llena de españoles geniales. No serán tantos. Y si lo son, a mí me da lo mismo. El caso es que nadie les lame el culo. ¿Por qué no se quedan allí, si les va tan bien como dicen? Porque se han quedado anticuados. Están de capa caída, gagás. Tu amigo removió Roma con Santiago para conseguir que le contratara y le trajera conmigo a España.

JULIA   Déjalo, ¿quieres?

ALVAR   Me seguía a todas partes como un perro faldero. Convenció a los de la embajada para que hablaran conmigo. Ni él ni nadie sacó a colación esos méritos de los que ahora presume.

JULIA   Te hizo llegar un currículum.

ALVAR   No me acuerdo.

JULIA   Se lo pediste tú.

ALVAR   Es posible, suelo hacerlo. Los miro por encima. No hay ninguno malo. Todos son iguales. Además, en este caso, daba lo mismo lo que pusiera. Se trataba de hacerle un favor. «No aspiro a nada», me dijo. «Solo quiero regresar a casa. Tengo la sensación de que llevo aquí cuatro veces los años que tengo». Y uno, que es gilipollas, se lo cree todo y lo mete en la compañía. En mala hora me arriesgué a traerlo. En los tiempos que corren, esa mercancía caducada no se cotiza y, encima, te compromete.

JULIA   ¿Tanto te ha decepcionado?

ALVAR   ¿Cómo actor? ¿Qué quieres que te diga? Uno más. Al principio, pasaba desapercibido. Hasta que apareciste tú. Le dices cuatro piropos. Le acaricias el lomo. Se deja. Le gusta. Le tiras de la lengua y empieza a largar.

JULIA   No sé a qué viene tu cabreo.

ALVAR   ¿No hay motivos, verdad?

JULIA   No.

ALVAR   Escucha, Julia, me trae sin cuidado lo que ese rojo vaya contando. Y menos aún que el mundo esté lleno de papanatas que lo escuchen con la boca abierta y se lo crean todo. Otra cosa bien distinta es que una persona inteligente como tú, dé por buenas sus sandeces y, así, sin más, las publique. ¿Qué dice tu familia? Me imagino lo que estará pasando tu padre viendo que la niña le ha salido respondona. Esa mierda que has escrito...

JULIA   ¡Deja en paz a mi familia! ¡En cuanto a esa mierda, como tú la llamas, es lo menos que se merece Barbero! ¿Es posible que no haya recibido ni un pequeño gesto de reconocimiento, un detalle...?

ALVAR   ¡Otro jarrón para decorar el museo nacional de antiguallas! Y van... ¿cuántos?

JULIA   Voy a escribir un libro sobre él.

ALVAR   (*Sin acabar de creérselo.*) ¿No es suficiente con ese artículo?

JULIA   Tengo hasta el título. ¿Quieres saberlo?

ALVAR   Julia, te aprecio como profesional...

JULIA   ¿Quieres saber el título?

ALVAR   Estoy hablando en serio.

JULIA   Eso es precisamente lo que me preocupa, que hablas en serio.

ALVAR   Siempre hemos tenido buenas relaciones.

JULIA   Digamos que correctas.

ALVAR   Han podido ser mejores, de acuerdo...

JULIA   Contigo imposible.

ALVAR   ¡Está bien! Pero, buenas o regulares, las vamos a echar a perder por culpa de este tipo.

JULIA   ¿De Edmundo Barbero?

ALVAR   ¡Sí! ¡De él! Tu reportaje...

JULIA   Mi mierda.

ALVAR   Eso que has escrito...

JULIA   Te ha sacado de quicio.

ALVAR   ¡¡Sí!!

JULIA   ¿Por qué?

ALVAR   Cuando empezaste a frecuentarle, te previne...

JULIA   ¿De qué? ¿Quién eres tú para elegir a mis amistades o para meterse en mi trabajo?

ALVAR   Nadie, nadie. No he pretendido inmiscuirme en tu vida. Lo que haces es asunto tuyo... Pero alguna de las cosas que se dicen ahí, no son ciertas.

JULIA   (*Con sorna.*) Escribe una carta al director.

ALVAR   No me gusta polemizar en público y menos en los periódicos. Prefiero decírtelo a ti.

JULIA   (*Bruscamente.*) ¿Qué tienes contra Edmundo Barbero?

ALVAR   ¿Qué tiene él contra nosotros?

JULIA   Contra mí, nada.

ALVAR   Contra ti, también. (*Edmundo* BARBERO *cruza por delante del despacho de Antolín* ALVAR. *Se detiene al oír la voz de* JULIA. *Cuando se da cuenta de que hablan de él, escucha atentamente.*) El día menos pensado, se despachará con que los españoles, tú y yo incluidos, ¡tú y yo!, somos menos que nada, pobres desgraciados que hemos ido creciendo entre el hambre, el silencio y la mentira, chupados y analfabetos, incapaces de sacar el país adelante si gente como él no acude en nuestra ayuda. Ya está preparando el terreno.

JULIA   ¿Cómo puedes...?

ALVAR   Ha dicho: «esto no me gusta».

JULIA   Desbarras.

ALVAR   ¡A mí! ¡Me lo ha dicho a mí! Mosquita muerta. Luego, se ofrecerá para arreglar el mundo. ¿No ves que se le está poniendo cara de misionero? De misionero rojo.

JULIA   (*Hastiada.*) Déjalo estar, Antolín.

ALVAR   ¿No quieres que siga, eh?

JULIA   Estás ocupado.

ALVAR   Si escribes ese libro...

JULIA   ¿Qué?

ALVAR   No lo hagas. Le estás dando alas. Hoy busca
          compasión, el reconocimiento de no sé qué...
          Mañana, seremos nosotros los que le demos
          pena. (*Remeda a* BARBERO.) Pobres. Habéis te-
          nido una juventud tan amarga, que a nadie
          puede extrañar vuestra ignorancia. No tenéis
          la culpa.... (*Estallando.*) ¡Hijo de la grandísi-
          ma puta! ¡Hijos de la grandísima puta! ¡Por
          ahí no paso! Ellos tuvieron su oportunidad.
          Fracasaron. Se fueron con el rabo entre las
          piernas, vivieron tan ricamente, esperando a
          que escampara para volver... Esta es nuestra
          hora, Julia, no la de ellos. No los necesitamos.
          Que se queden dónde estaban. Y si vienen,
          como este, quietos en un rincón y sin levan-
          tar la voz.

          (*Edmundo* BARBERO *entra en el despacho.* JULIA
          y ALVAR *lo miran sorprendidos.*)

BARBERO   Al fin te entiendo, Antolín. De lo que se trata
          es de llevar una vida discreta, de no frecuen-
          tar los sitios en los que pueda ser reconocido,
          de respirar lo justo para no ahogarme, de ca-
          minar de puntillas, de no estrechar la mano a

nadie y, si lo hago, sin apretar demasiado, de ser una sombra, a ser posible muda... Es decir, de pasar desapercibido. Puedo hacerlo. De lo que no respondo es de que, a pesar de tantas precauciones, no me suceda como al espectro del rey de Dinamarca, que todo el mundo lo veía. ¿Qué dirías entonces? ¿También me echarías la culpa de no ser invisible? (*Indicándole con la mano que no responda.*) Déjalo, no me contestes.

ALVAR   Estabas escuchando.

BARBERO   No podría negarlo.

ALVAR   (*A* JULIA.) Tu protegido nos ha salido fisgón.

JULIA   Señor Barbero...

BARBERO   Lamento que se haya visto envuelta en este asunto, Julia. (*Recoge el periódico del suelo.*) Un bonito reportaje. De veras. Lo he leído esta mañana. ¿Por qué no me lo había dicho?

JULIA   He querido darle una sorpresa.

BARBERO   Mil gracias. Pero no vuelva a hacer nada parecido.

ALVAR   Julia Ayuso prepara un libro sobre ti. ¿Tampoco lo sabías?

BARBERO   (*A* JULIA.) No merece la pena.

ALVAR   Somos de la misma opinión.

BARBERO   ¿Lo ve...?

JULIA   Eres un miserable, Antolín.

ALVAR   Antolín es una hermanita de la caridad. Por mucho menos, he puesto a la gente de patitas en la calle. Si quiero, puedo dejar a Barbero con una mano delante y otra detrás. (*A* BARBERO.) No te quedes callado. Dile a Julia que es verdad. (*De nuevo a ella.*) Su marcha no supondría ningún trastorno. Puedo encontrar en un santiamén tantos Basilios como se me antoje. (*A* BARBERO.) ¿Miento? (*A ella.*) ¿Soy un miserable? ¡Repite que soy un miserable!

JULIA   ¡Lo eres!

     (JULIA *sale.* BARBERO *mira a* ALVAR. *Titubea y, al fin, la sigue. Se hace el oscuro. Sala de ensayos. Antolín* ALVAR *observa a Edmundo* BARBERO, *que, arrodillado a sus pies, recita un fragmento de* La vida es sueño.)

BARBERO   Si a mí buscándome vas,
              ya estoy, príncipe, a tus plantas,
              sea dellas blanca alfombra
              esta nieve de mis canas.
              Pisa mi cerviz y huella
              mi corona; postra, arrastra
              mi decoro y mi respeto,

toma de mi honor venganza,
sírvete de mí cautivo,
y tras prevenciones tantas,
cumpla el hado su homenaje,
cumpla el cielo su palabra.
(BARBERO *alza la vista y mira a* ALVAR, *que hace un movimiento de desaprobación con la cabeza. Poniéndose en pie.*) ¿Tampoco?

ALVAR   Dichas así, esas palabras suenan a falso. No hay sinceridad, sino un punto de soberbia.

BARBERO   Si acaso, la humilde soberbia del que sabe que se burlan de él y no quiere que los demás crean que lo ignora.

ALVAR   Me refiero al personaje. Quiero que se humille más.

BARBERO   Lo hará cuando esté frente a Segismundo.

ALVAR   Lo tiene delante.

BARBERO   Si fuera así, no le pediría que se humille. Recuerda sus palabras...

ALVAR   ¿Te vas a dar tu mismo la replica?

BARBERO   Solo los últimos versos.
«Señor, levanta
dame tu mano; que ya
que el cielo te desengaña
de que has errado en el modo

de vencerle, humilde aguarda
mi cuello a que tú te vengues:
rendido estoy a tus plantas».
No, no tengo delante a Segismundo. Ni siquiera al director de *La vida es sueño*...

ALVAR   ¿A quién, entonces?

BARBERO   A Antolín Alvar, que pretende divertirse a mi
           costa.

ALVAR   ¡Hola!

BARBERO   He repetido la escena cuatro veces...

ALVAR   Y lo harás tantas como sea necesario. Una advertencia, Edmundo. No sé, ni me importa,
           como eran los directores con los que trabajabas en América, ni qué cosas te consentían.
           Aquí, soy yo el que manda. ¿Está claro? A mi me toca sacar a los personajes del libreto y
           darles forma.

BARBERO   Así es. Pero los que salen al escenario no son
           ellos, ni tú, sino nosotros, los actores.

ALVAR   Para prestarles el cuerpo y la voz. Para eso se
           os paga.

BARBERO   Si fuera así... No habría más que hablar. Pero
           la personalidad de los actores también cuenta. Las experiencias, los recuerdos...

ALVAR   ¿También quieres contarme tu vida? ¡¿A mí?! ¿O solo pretendes darme una lección? Prefiero la lección. Adelante. Puede que te haga alguna pregunta. Por ejemplo, si es verdad que, en la escena, personaje y actor se confunden.

BARBERO   Conoces la respuesta mejor que yo. Tanto, que te sirves de ello para ofenderme. Es mentira que dirijas tus observaciones al personaje. Van destinadas a mí. Cuando pides que Basilio se humille, es mi humillación la que buscas.

ALVAR   ¿Estás seguro o es una intuición? Los actores confiáis mucho en ella.

BARBERO   Estoy harto de tus provocaciones.

ALVAR   Me conoces mal.

BARBERO   Te conozco de sobra.

ALVAR   No tanto como yo a ti. Formas parte de esa raza de actores que abominan del director, que quisieran que no existiera. Escucháis con desidia cuanto os dice. Os lo pasáis por el forro de los cojones. Eso sí, a todo amén. En los ensayos. Luego, en el escenario, hacéis lo que os viene en gana. Cada vez que contravenís sus órdenes, dais un corte de mangas. No me importa como acabe siendo el Basilio que vean los espectadores. Allá ellos y tú. Pero ahora soy yo el que dice como es el personaje. Y tú obedeces. Empezamos. (*Recita.*) Si a mí buscándome vas... (*Edmundo* BARBERO *permanece inmóvil.*) Si a mí buscán... ¿A qué esperas? No hemos terminado el ensayo.

BARBERO   Lo de hoy no ha sido un ensayo.

ALVAR   ¿Qué, entonces?

BARBERO   Un simulacro. Una tomadura de pelo.

ALVAR   ¿Sabes lo que estás diciendo? (BARBERO *asiente. Antolín* ALVAR *reprime un gesto violento y, durante unos segundos, medita su respuesta.*) Estás cansado. Continuaremos mañana, a la misma hora.

BARBERO   ¿Yo solo?

ALVAR   Como hoy.

BARBERO   Quiero ensayar con los demás.

ALVAR   De momento seguiremos así.

BARBERO   ¿Por qué?

ALVAR   Lo digo yo. Yo decido.

BARBERO   Exijo una explicación.

ALVAR   No la hay.

BARBERO   Hace una semana que me apartaste del resto.

ALVAR   ¿Y bien...?

BARBERO   A raíz de que Julia publicara el reportaje.

ALVAR   Es un asunto olvidado. No me quita el sueño.

BARBERO   Lo dudo.

ALVAR   ¿No querrás que te lo jure?

BARBERO   Dame otra razón... A lo mejor me convences.

ALVAR   No te pongas gallito, Edmundo.

BARBERO   (*Cogiéndole por las solapas, lo zarandea.*) Conmigo no se juega, niñato. (ALVAR, *sorprendido, tarda en reaccionar.*) No estás acostumbrado a que te planten cara, ¿eh?

ALVAR   ¡No me toques! (ALVAR *lo aparta con un fuerte empujón. Edmundo* BARBERO *retrocede dando trompicones. Un arcón detiene su carrera vacilante e impide que caiga al suelo. Aún así, mantiene el equilibrio a duras penas.*) ¡Viejo chocho! (*Los dos hombres se miran en silencio.*) ¿Todavía quieres saber por qué pierdo el tiempo ensayando a solas contigo? (*Hace una pausa.*) Tus compañeros no te aguantan. ¡Tus compañeros no te aguantan!

BARBERO   (*Sin llegar a comprender.*) Mis compañeros...

ALVAR   Quieren tenerte lejos, cuanto más mejor.

BARBERO   ¿Quiénes? ¿José Luis? ¿Merino? ¿Prendes?
             ¿Ana? ¿Cracio?

ALVAR   ¡Todos, leche, todos!

BARBERO   Es otra de tus mentiras.

ALVAR   No toleran tu divismo. No consienten que
             quieras darles clases.

BARBERO   Clases yo... ¿De qué?

ALVAR   (*Parodiando a* BARBERO *en el recitado de un frag-
             mento de* La vida es sueño, *cuyo texto altera a
             su antojo.*)
             «Estadme atentos,
             amados discípulos míos,
             vasallos, deudos y amigos.
             Ya sabéis que yo en el mundo
             por mi ciencia he merecido
             el sobrenombre de docto;
             pues, contra el tiempo y el olvido,
             los pinceles de Timantes,
             los mármoles de Lisipo,
             en el ámbito del orbe
             me aclaman el gran Basilio».
             ¿O dijiste Edmundo? Edmundo, sí. (BARBERO
             niega con la cabeza.) ¿En qué estarías pen-
             sando? Un lapsus, sin duda, pero sentó a cuer-
             no quemado. ¡Un ensayo memorable! ¿Quién
             te crees que eres? ¿El único actor sobre la faz

de la tierra? ¡El señor Barbero regresa a España a llenar de luz la escena española! ¡Creará escuela! ¿Pero qué te creías, payaso de mierda? ¿Que los actores españoles estaban cruzados de brazos esperando que vinieras a impartir tu magisterio, qué iban a correr a lamerte el culo? ¡Cuánto desprecio y cuánta osadía! ¿Qué les traes? Un repertorio de trucos...

BARBERO   (*Sin fuerzas.*) Hablaré con ellos.

ALVAR   No es una buena idea.

BARBERO   Lo haré...

ALVAR   Se negarán a oírte. No caes bien. Saben como los pones por ahí. Ninguno se libra de tus comentarios envenenados. Ese tiene voz de pito, aquel se embelesa escuchándose a sí mismo, el otro duerme al más despierto con su monotonía...

BARBERO   Cuando algo no me gusta, lo digo a la cara. No acostumbro a hacerlo a espaldas del interesado.

ALVAR   Lo haces continuamente.

BARBERO   Nunca.

ALVAR   La gente te evita.

BARBERO   Tu me apartas de ella. Es a propósito. Para hacerme daño. Sabes que en este oficio se necesita el calor de los compañeros. No se puede trabajar en solitario. Yo no puedo. Se me hace muy cuesta arriba. Nada funciona entre nosotros dos. Vivimos en perpetuo enfrentamiento. No te gusta lo que hago.

ALVAR   Sinceramente, no.

BARBERO   Y por eso me pisoteas como si fuera un felpudo. Yo no seguiría a tu lado. Me iría gustoso a otra compañía. Lo sabes. (*Antolín* ALVAR *hace un gesto de extrañeza.*) Lo sabes, sí. Y haces todo lo posible para que nadie me contrate. No me despides, porque necesitas alguien en quien descargar tu mala follá.

ALVAR   ¡Qué absurdo! Bien pensado... ¿Sabes lo que te digo? No ensayarás más. Al fin y al cabo, salimos de gira dentro de cuatro días, como quién dice. Dejemos las cosas como están. Tu rey Basilio es un desatino y no creo que, a estas alturas, vayas a mejorarlo. (BARBERO *se indigna.*) Has hecho lo que has podido por sacarlo adelante. Puede que el problema no seas tú, sino el personaje. Lo digo en tu descargo. En todo caso, no voy a darte ocasión para que sigas insultándome. Yo no necesito felpudos para limpiarme los pies, y menos si están raídos.

BARBERO   ¿Por qué me retienes, entonces?

ALVAR   ¿Te interesa saberlo?

BARBERO   Sí.

ALVAR   Te ha salido un buen valedor. Nunca pagarás
             lo que está dispuesto a hacer por ti.

BARBERO   No sé de quién me hablas.

ALVAR   Te he respondido. Lo demás tendrás que ave-
             riguarlo tú.

BARBERO   No he pedido a nadie que actúe en mi nombre.

ALVAR   Lo hace de motu proprio.

BARBERO   ¿Julia? (ALVAR *no responde.*) ¿Es ella?

ALVAR   ¿Qué importa quién sea?

BARBERO   ¡Es Julia!

ALVAR   Yo no la he nombrado.

BARBERO   ¿Qué le has exigido?

ALVAR   ¿Exigir? ¿Yo? ¡Nada! Me hizo una propuesta y
             cerramos el trato. (*Antolín* ALVAR *observa com-
             placiente el efecto que sus palabras provocan en
             el ánimo de* BARBERO.) ¿Ocurre algo, Edmundo?

BARBERO   Nada.

ALVAR   No solo de pan vive el hombre.

BARBERO   No tienes decoro.

ALVAR   Hablas como un predicador trasnochado.

BARBERO   Gente como tú convierte el teatro en un estercolero.

ALVAR   Reconozco que me va el folleteo.

(ALVAR *sale. Edmundo* BARBERO *está desconcertado. Mira a todas partes. Su mirada se detiene en el libreto de la obra. Lo recoge. Lo enrolla con crispación. Lo estruja hasta deformarlo. Luego, lentamente, lo hace añicos. Se hace el oscuro. En su despacho, con los pies sobre la mesa, Antolín* ALVAR *contempla, en la pantalla de un monitor de vídeo, transmitidas por circuito interior, las imágenes en blanco y negro de la función que tiene lugar en el escenario. La escena que en ese momento se representa es la séptima de la segunda jornada, en la que intervienen Rosaura, Clarín y Segismundo. Al mismo tiempo, en el camerino de Edmundo* BARBERO, *este entrega un sobre grande a* JULIA.)

BARBERO   Las fotos prometidas y un par de cintas.

JULIA   Gracias, Edmundo. Las cuidaré.

BARBERO   Espere. Llévese también esto.

(BARBERO *quita las fotos del espejo y la que hay en un marco sobre la mesa.*)

JULIA   ¿No le importa?

BARBERO   ¿Se las dejaría si me importara?

JULIA   No, supongo que no. (JULIA *guarda las fotos en el sobre.*) Se las devolveré cuando regrese de la gira.

BARBERO   No voy a la gira, Julia. Me quedo en Madrid.

JULIA   No me lo había dicho… ¿Y los ensayos?

BARBERO   Hace días que los he dejado.

JULIA   ¿Por qué?

BARBERO   No hemos llegado a un acuerdo. Las condiciones no eran aceptables.

JULIA   ¿De qué condiciones habla?

BARBERO   (*Evasivo.*) Además, tengo otros planes.

JULIA   ¿Qué planes? No me dice la verdad, Edmundo.

BARBERO   Quiero ganarme al público de Madrid. Voy a empezar por ahí.

JULIA   ¿Cómo ha reaccionado Antolín cuando se lo ha dicho?

BARBERO   Bien. Con normalidad.

JULIA   ¿No ha intentado convencerlo para que se quede?

BARBERO   No.

JULIA   Voy a hablar con él.

BARBERO   No lo haga, por favor.

JULIA   Claro que sí. Ahora mismo.

BARBERO   ¡Se lo prohíbo, Julia! ¡Le prohíbo que haga cualquier tipo de gestión con ese individuo! Y ahora, si no le importa, tengo que prepararme para salir a escena…. (JULIA *permanece inmóvil.*) Por favor.

(JULIA *abandona el camerino. Está desconcertada. Se detiene ante el despacho de Antolín. Tras unos instantes de duda, se decide a entrar. Lo hace bruscamente.*)

JULIA   ¿Es verdad lo que me ha dicho Barbero?

ALVAR   ¿Que se va?

JULIA   Sí. (ALVAR *asiente.*) ¿Es cosa suya o lo has despedido?

ALVAR   No se sentía a gusto.

JULIA   No me has contestado.

ALVAR   Él quería irse y yo no tengo interés en seguir aguantándolo. ¿Satisfecha?

JULIA   Es un palo.

ALVAR   ¿Te importa que hablemos de otra cosa? El asunto Barbero no da más de sí. (*Levantándose.*) Me puede. Estoy harto de sus lamentos, de sus quejas… Que se vaya por dónde vino. ¿No dice que en América lo reconocen y lo quieren? ¡Pues que se vaya a América! Y cuando se muera, que lo follen, que lo entierren con fanfarrias. ¿Qué te ha dado, Julia? ¿Qué te ha dado?

JULIA   Admiro su talento y me gustaría que los demás se lo reconocierais.

ALVAR   Es un engreído y un mentiroso. Si sigues empeñada en escribir ese libro…

JULIA   Por supuesto que sí. Estoy en ello. (*Muestra el sobre.*) ¡Las fotos!

ALVAR   Ten cuidado con lo que te cuenta. Puede metértela doblada.

JULIA   ¿También tengo que desconfiar?

ALVAR   Lo conozco mejor que tú. ¿Qué te ha contado de su familia?

JULIA   Sé que tiene un pariente en Sevilla.

ALVAR   Ese que nunca acaba de venir a darle un abra-
             zo. ¿Y de la de Madrid?

JULIA   No me ha hablado de ella.

ALVAR   Pues la tiene. Después de dar muchas patadas,
             la ha encontrado. No le ha servido de mucho.
             Los parientes pasan de él. No quieren tenerlo
             cerca. No les hace tilín. Por lo que se ve, le han
             dado con la puerta en las narices. Pero Barbe-
             ro cuenta otra cosa. Pregunta a los demás ac-
             tores… Según él, se pelean por invitarlo. Ayer,
             sin ir más lejos, dijo que había estado comiendo
             con no se cual de sus primos. Prendes lo oía y
             se reía. Después nos contó que había visto a
             Barbero en una cafetería, más solo que la una,
             tomándose un plato combinado.

JULIA   ¿Qué hay de malo en que mienta o en que
             invente de vez en cuando? ¿No lo hacemos
             todos? ¿No lo has hecho tú? ¿No has dicho
             que tu padre murió cuando todavía no habías
             nacido?

ALVAR   Murió, sí. En el frente.

JULIA   Entonces, ¿por qué lo buscaste en Argentina
             la primera vez que fuiste allá?

ALVAR   (*Atónito.*) ¿De dónde has sacado…?

JULIA   ¿No es verdad?

ALVAR   Te han informado mal. Nunca apareció su ca-
dáver. Muchos años después, alguien nos dijo
que creía haberlo visto cerca de Buenos Aires.
Hice unas averiguaciones. Por si acaso… Tenía que hacerlas, ¿no?

JULIA   Claro.

ALVAR   ¿Dónde está mi mentira?

JULIA   No hay mentira.

ALVAR   No me crees.

JULIA   Te creo. El que te informó, se había equivo-
cado. Aquél hombre que se apellidaba como
tú y que era tu vivo retrato, no podía ser tu
padre. Aquel hombre que vivía en la dirección
que te indicaron estaba casado y tenía cuatro
hijos. ¿Cómo iba a ser tu padre? Tu padre os
hubiera escrito nada más llegar a América…

ALVAR   (*Abatido.*) Nunca lo hizo.

JULIA   ¿Qué culpa tiene Edmundo de que tu padre
no quisiera regresar y él sí?

ALVAR   ¡Ninguna!

JULIA   Entonces, ¿por qué lo odias tanto?

ALVAR   ¿De verdad crees que lo de mi padre…?

JULIA   No, desde luego que no. Es una bobada. ¿Qué tiene que ver lo uno con lo otro? No tiene que ver, ¿verdad?

ALVAR   ¡No!

JULIA   ¿Cómo puedo convencerte de que lo animes a quedarse?

ALVAR   Por nada del mundo lo haría. ¡Ea! Me revuelve las tripas, me hace sentirme mal. (JULIA, *airada, se dispone a marcharse.* BARBERO, *vestido de Clotaldo, sale del camerino camino del escenario.*) Aguarda. Pídeme otra cosa. (JULIA *se vuelve sorprendida.*) Algo que esté al alcance de mi mano.

(JULIA *se queda pensativa.*)

JULIA   Esta es la última función en Madrid.

ALVAR   Echamos el telón, sí.

JULIA   ¿Sería posible que, al acabar, le rindiéramos un pequeño homenaje?

ALVAR   ¿En el escenario?

JULIA   ¿Por qué no?

ALVAR   No sé si es una buena idea. Un poco precipitado, ¿no crees? Falta menos de media hora para el final.

JULIA   Lo que propongo es un acto sencillo. Unas palabras tuyas son suficientes.

ALVAR   ¿Hablar yo? Conmigo no cuentes.

JULIA   Aunque no comulgues con él, es evidente que ha regresado a España de tu mano.

ALVAR   ¡Qué disparate! ¿Qué tendría que decir? Algo así como… (*Remedando el discurso.*) «Edmundo, tú significas muchísimo para las gentes de teatro de España y de América. Tú eres el puente, el lazo de unión. Yo represento en este momento a la gran familia de la farándula…». (*Haciendo aspavientos de rechazo.*) ¿Te imaginas? No me veo diciendo esas chorradas. No me las creo. No me saldrían. (*Señalando la pantalla del monitor, en la que acaba de aparecer la imagen de* BARBERO.) Ahí tienes a tu amigo. Parece un pato mareado. (*Lo imita groseramente.*) Su sitio no es el escenario. Hay que llevarlo a una de esas residencias llenas de viejos arrugados, calvos y desdentados.

               (ALVAR *eleva el sonido. Las voces de los actores llegan con claridad.*)

ACTOR-SEGISMUNDO   (*A* ACTRIZ-ROSAURA.)
               Hoy he arrojado
               de ese balcón a un hombre, que decía
               que hacerse no podía;
               y así por ver si puedo, cosa es llana
               que arrojaré tu honor por la ventana.

BARBERO-CLOTALDO

>Mucho se va empeñando.
>¿Qué he de hacer, cielos, cuando
>tras un loco deseo
>mi honor segunda vez a riesgo veo?

ACTRIZ-ROSAURA

>No en vano prevenía
>a este reino infeliz...

(BARBERO *interrumpe el recitado de la actriz con un enérgico movimiento del brazo. Acto seguido, se dirige al público.*)

BARBERO
He aquí, de corrido, lo que le queda por decir a Clotaldo hasta el final.
«¡Oh, qué lance tan fuerte!
Saldré a estorbarlo, aunque me dé la muerte.
Señor, atiende, mira».
«De los acentos desta voz llamado,
a decirte que seas
más apacible...».

(*Los actores, confundidos, intercambian miradas sin saber qué hacer.*)

ALVAR
¿Qué pasa?

ACTOR-CLARÍN (*Acercándose a* BARBERO.) ¿Te encuentras mal, Edmundo?

BARBERO
Perfectamente.

ALVAR   ¡Ese hombre está loco!

(ALVAR *sale del despacho apresuradamente.* JU-LIA *permanece inmóvil, atenta a la pantalla.*)

BARBERO   Dejadme solo, por favor. (*Los demás actores se dirigen hacia él con ánimo de atenderlo. Fuera de sí.*) ¡Solo, he dicho!

(*Inesperadamente, extrae una pistola de entre las ropas. No amenaza a nadie, pero cunde el pánico en el escenario, al que ya había accedido algún tramoyista. Todos retroceden y van saliendo. En la platea se oye algún grito. Todo lo ocupa el escenario del teatro, vestido con la escenografía de* La vida es sueño.)

ALVAR   (*Saliendo de entre bastidores.*) ¡El telón! ¡Abajo el telón!

BARBERO   ¡Fuera! El escenario es el territorio sagrado de los actores. Nos pertenece. No lo profanes.

ALVAR   (*Yendo amenazador hacia él.*) ¡Te voy a romper la crisma, hijo de puta! (BARBERO *le apunta con el arma.* ALVAR *se detiene.*) ¿Qué haces, Edmundo?

BARBERO   ¡¡Fuera!! (ALVAR *mira a su alrededor, primero hacia las cajas, luego a la sala. Por una de las calles del fondo asoma* JULIA *Ayuso.* BARBERO *abate la pistola y se dirige al público.*) ¿Dónde

me había quedado? (*Hace memoria.*) ¿Apacible? Más apacible. Sí. (*Concluye en voz baja la estrofa y continúa.*)
«Yo desta suerte
librar mi vida espero».
«Hasta que gente venga
que tu rigor y cólera detenga...».
(*Interrumpe el recitado.*) Réplicas, contrarréplicas... ¿Qué pasa si damos un salto? ¡Nada!
(*Prosigue.*)
«Como habíamos hablado
de aquella águila, dormido,
tu sueño imperios han sido,
mas en sueños fuera bien
entonces, honrar a quien
te crió en tantos empeños,
Segismundo, que aún en sueños
no se pierde el hacer bien».
«¿Qué alboroto es éste, cielos?».
«Señor. En mi
su crueldad prueba».
«A tus reales plantas llego,
ya sé que a morir».
«¿Qué dices?»
«Pues, señor, si el obrar bien
es ya tu blasón, es cierto
que no te ofenda el que yo
hoy solicite lo mesmo.
¿A tu padre has de hacer guerra?
Yo aconsejarte no puedo
(*Vacila.*) contra... mi rey, ni valerte...
A tus plantas estoy puesto,
dame la muerte».

«Mil veces tus plantas beso».
(*Titubea de nuevo y, durante unos segundos, calla.*) Otro salto, ¿les parece?
«En este tiempo trazaba
cómo cobrar se pudiese
tu honor perdido...»
«¡Qué caduco desvarío!...
Darle pensé muerte, cuando
Segismundo pretendió
dármela a mí, y él llegó
a hacer en defensa mía
muestras de su voluntad,
que fueron temeridad,
pasando de valentía...»
(*Se pierde y no logra recuperar el hilo del discurso. Se pasa la mano por la frente.*) Concluyamos. No quiero cansarles.
«¿Huyendo de un delito?»
«Pues huyendo...
te recoges a un sagrado;
que cuando tan dividido
el reino...
Soy con el reino leal,
soy contigo liberal,
con...»
¿Con quién agradecido? (*En un susurro.*) Julia... (*Regresa al texto.*)
«¡Tanto valor...!»
«¿Quién te alienta?»
«Es locura»... «Pues véncela».
 «Pues perderás...»
«...Vida y honor».
«¿Qué intentas?». «Mira

que eso es…»

¿Frenesí? ¿Despecho? ¿Desatino? (*Se esfuerza por recordar.*)

«¡Desatino!» «¿Quién ha de ayudarte?» «¿No hay remedio?»

(*Consciente de que el final está próximo, acomete precipitadamente el recitado de los últimos versos, saltándose palabras y frases.*)

«No prosigas, tente, aguarda;
porque Rosaura es tan noble
como tú, y mi espada
la defenderá en el campo;
que es mi hija, y esto basta».

«Que yo hasta verla
casada, noble y honrada,
no la quise descubrir.
La historia desto es muy larga;
pero, en fin, es hija mía».

(*Hace una breve pausa. Se seca el sudor con un pañuelo.*) Clotaldo ha dicho su última frase. Unos cuantos versos más, la petición de perdón por las faltas cometidas y el telón cae. (*Se vuelve hacia el lateral.*) No lo bajes todavía, Labra. (ALVAR *hace intención de entrar al escenario, pero un leve movimiento de la mano con la que* BARBERO *sostiene la pistola lo detiene. Lentamente, el actor se despoja de las ropas de Clotaldo y queda con las de calle. Avanza hacia el proscenio y escruta la platea. Solo ve sombras.*) Luz de sala, por favor. (*Entre bastidores se produce algún alboroto.* ALVAR *duda. Mira a* JULIA, *sin obtener respuesta. Dirige un gesto de asentimiento hacia el lugar en que se supone que está el tablero de control. La sala se ilumina.* BARBERO *contempla en silencio al público.*) ¿Nos conocemos? ¿Nos hemos visto antes? No, seguro que no. Ni yo a ustedes, ni ustedes a mí. Me llamo Edmundo Barbero. Actor. Ya lo era cuando muchos de ustedes aún no habían nacido. Desde entonces, he recorrido un largo camino. Tan largo, que tuve tiempo de ser, en *La vida es sueño,* criado, soldado, Astolfo, Segismundo... Segismundo, también. Ustedes no lo saben. Ni tampoco que hice otros papeles principales. He sido Hamlet, Edipo, Don Juan, Tartufo, Willy Loman... No se esfuercen por recordarlo. No lo han visto. Y de lo que no se ha visto, no hay memoria. Es como si no hubiera existido. O como si el que lo cuenta, lo hubiera soñado. Yo tenía que haber vivido en España. No fue posible. ¿Saben que hubo una guerra civil? ¡La hubo! Esas caras... ¿Acaso lo dudan? Disculpo a los más jóvenes, aunque me sorprende su ignorancia. Alguien tendría que haberles hablado de ella. Alguno de ustedes ya estaba, entonces, en este mundo. ¿Por qué no les han dicho nada? ¿Tal vez porque es algo remoto? ¿O, simplemente, la han olvidado? Me extraña... Los recuerdos perduran. Solo han pasado cuarenta años. ¿O ha habido un pacto de silencio? En esa guerra yo estaba del lado de los que la perdieron. Me fue mejor que a otros. O eso creí entonces. El precio que pagué fue poner tierra por medio. Con la esperanza de volver pronto, claro. Visto así, un castigo llevadero. Con el paso del tiempo, una losa. Hice el viaje de ida en barco. Despacio, como quién se resiste a marcharse. Quería alejarme de la costa, pero que las amarras no estuvieran sueltas. Lo estaban. El regreso, en cambio, ha sido veloz. En la madrugada buscaba, desde el avión, la silueta de España. Nunca la había contemplado a vista de pájaro. ¿Sería como la describe el Segismundo que recreó Pasolini? Con los ojos cerrados, me esforzaba por recordar sus palabras… Retazos de tierra amarilla y rectángulos de color marrón o verde oscuro hasta el infinito. Largas carreteras enlazando pueblos con forma de vulva. Iglesias y palacios que, unidos, parecían murallas severas y compactas oponiéndose al cielo. Cuando iniciamos el descenso, las lágrimas no me dejaron ver lo que había debajo. En realidad no había nada. El aeropuerto. La torre de control, las pistas… Un edificio frío. Entregué el pasaporte recién obtenido. El policía me miró a la cara, después la foto, a la cara otra vez. «Pase». Ni un «bienvenido, señor Barbero». Mi nombre no le decía nada. Nadie salió a mi encuentro… Ni mi familia. ¡Mierda! Ni un periodista, ni un fotógrafo… «Hay que disculparlos», me dije. ¿Acaso no les avisó de mi regreso Antolín Alvar?

ALVAR   ¡Viejo estúpido!

BARBERO   ¡Ni una palabra, majadero! Cualquiera en tu lugar lo habría hecho. Lástima que todavía no te conociera lo suficiente… Yo mismo me hubiera ocupado de anunciarlo. «Cuando se sepa, porque se sabrá, ya vendrán a buscarme». ¡Iluso! Si hubiera esperado sentado, allí estaría todavía. Nadie me pidió una cita. ¡Nadie! En vísperas del estreno, en la rueda de prensa, uno de los asistentes no dejaba de mirarme. Al final del acto, se acercó a mí. Ese tipo que tengo a mis espaldas, ese que acaba de llamarme estúpido, ese malnacido, se metió por medio. «Galindo, permíteme que te presente a Barbero. Lo he fichado en las Américas. Hará de Clotaldo». Lo cogió del brazo y se lo llevó aparte. ¡Fichado en las Américas! ¿Desde cuándo se ficha a los artistas? (*Hace una pausa durante la que da alguna muestra de cansancio.*) Hace tres meses que soy Clotaldo. Aquí, en este escenario. Hoy he dejado de serlo. Me he despojado de sus ropas sin esperar a que la función acabe. No las he doblado cuidadosamente, como hago cada día cuando vuelvo al camerino. Las he dejado caer al suelo. Con ellas he ido asumiendo, casi sin darme cuenta, ser menos de lo que soy. A fuerza de retroceder, he alcanzado la condición de meritorio. Dentro de unos días la compañía sale de gira. Como no lo he hecho mal del todo, me han ofrecido un papel con mayor enjundia: el de rey Basilio. No lo haré. ¡Me niego a empezar desde la nada! ¡Soy alguien en el teatro! ¡Reclamo mi sitio! Tienen derecho a saber quién soy, como era antes de que me metieran en la piel arrugada de estos personajes.

Llevo en la cabeza a todos los que he interpretado a lo largo de mi vida. Puedo ser cualquiera de ellos. Elíjanlo ustedes.

(*Recorre el proscenio de un extremo al otro interrogando al público con la mirada sin obtener respuesta. Sufre un desfallecimiento que, a pesar de su brevedad, no pasa desapercibido.* JULIA *se cubre el rostro con las manos.*)

ALVAR   El espectáculo ha terminado, Edmundo.

BARBERO   Ni siquiera ha empezado… (*Al público.*) Ustedes tienen la palabra.

ALVAR   ¡Silencio absoluto! ¿Cabe mayor fracaso?

BARBERO   Yo derribaré las barreras que nos separan. Haré que los aplausos sacudan los cimientos del teatro. (*Al público.*) ¿Recuerdan la muerte de Cyrano? El parque del convento. Otoño. Se oyen unas campanadas. Cyrano aparece en lo alto de la escalinata. La desciende lentamente, apoyado en un bastón…

ALVAR   Una escena demasiado larga… Puesto que de muertes vas, ¿por qué no la de Fausto, que es más breve?

BARBERO   (*Desconcertado.*) ¿La de Fausto?

ALVAR   Sí. Haz memoria. Mefistófeles ordena a los fantasmas que caven una fosa y tú, al escuchar el tintineo de los picos, sales del palacio… ¿No figura el personaje en tu repertorio? ¿Cómo es posible? ¿Quieres decir que nunca representaste *Fausto*? Montevideo, teatro del Sodre, octubre del cuarenta y tres.

BARBERO   (*Asiente y sonríe.*) Un éxito clamoroso. El público en pie se rompía las manos y gritaba bravos. (*Pero* BARBERO *no logra recordar el texto. Se esfuerza y se desespera.*) Me he quedado en blanco. El pie… Que alguien me de el pie.

ALVAR   Estás tú solo en el escenario. Has echado a los demás.

BARBERO   Están entre bastidores. ¡Ana!

ALVAR   Tienen miedo a que les vueles la cabeza de un tiro.

BARBERO   (*Arrojando la pistola al suelo.*) ¡Maldita sea! ¡Es simulada! (ALVAR *recoge el arma y comprueba que es cierto. Perdido el miedo, se acerca a* BARBERO *con intención de sacarlo del escenario. El actor lo aparta violentamente. Tiene los ojos vidriosos.*) Un momento. Solo un momento. (*Al público.*) Concédanme unos minutos. Fausto… (*A* ALVAR.) ¿Has dicho Fausto, verdad? ¿Cómo era el tal Fausto? Han sido tantos los personajes que han habitado en mí y tantos los lazos que nos han unido, que llamo a uno y acuden todos en tropel… ¿Qué ropas vestía? Había un foso…

ALVAR   Una fosa.

BARBERO ¿Dónde?

ALVAR   (*Señalando delante de* BARBERO.) A tus pies.

     (BARBERO *fija la mirada en el suelo, como si la
     viera. Se estremece.*)

BARBERO Es muy profunda. Y tosca.

ALVAR   No se trataba de construir una obra de arte.

     (BARBERO, *sin apartar la vista del imaginario
     agujero, guarda un largo silencio. Luego, com-
     pletamente trastornado, habla en voz baja, como
     si interpretara.*)

BARBERO ¿He de llenar yo ese hueco? ¿Ahí van a consu-
     mirse mis años de trabajo y de gloria? No es
     posible que la huella de mis días terrenales vaya
     a perderse para siempre en esta ciénaga putre-
     facta. ¿Así se quiere reducir a la nada cuanto
     he creado? (*Volviéndose bruscamente hacia* AL-
     VAR.) ¿Qué haces merodeando a mis espaldas?
     ¿No te basta con haberme retorcido el cuello,
     sino que también quieres empujarme a la tum-
     ba? (*Retrocede aterrado, dando trompicones. En
     su huida encuentra los brazos de* JULIA, *que acu-
     día a su encuentro.*) ¿Sabes, Julia? Yo no pinto
     nada aquí. Ni siquiera soy un bicho raro. Al
     menos, hubiera sido algo. No soy nadie. ¡Na-
     die! El público no está pintado, como otras

veces. ¡Está ciego! ¡Y sordo! Eso lo resume todo. No quiero morir aquí, en medio de tanta indiferencia. Regreso. Esta no es mi casa. Estoy tiritando. ¿Hace frío? Mi verdadera casa está lejos. Me he alejado tanto de ella… ¡Todo un océano por medio! ¡Pienso irme dando un portazo! ¡Un portazo sonoro, que los espabile!

(BARBERO *resbala hasta quedar postrado en el suelo.*)

JULIA   (*A* ALVAR.) Ayúdame, por favor.

ALVAR   (*Se dirige a gritos a los de fuera.*) ¡No os quedéis quietos, como pasmarotes! ¡Un médico, enseguida! ¡Pedid una ambulancia!

(*Desbordado por la situación,* ALVAR *abandona el escenario incapaz de hacer otra cosa.*)

BARBERO   (*A* JULIA, *muy débilmente.*) La mano. (*Ella se la oprime con fuerza.*) Ambulancias, no. Ni hospitales. No ha llegado mi hora. Llévame al aeropuerto, Julia.

JULIA   Más adelante.

BARBERO   Ahora.

JULIA   No es posible.

BARBERO   En América me esperan mis personajes. Y mi público. No te comportes como ese perro. A él le gustaría verme morir aquí, entre las tablas de este ruedo, humillado como un toro, de mala manera... No voy a darle ese gusto. Si tuviera alas... ¿Crees que podría llegar?

(*Se incorpora torpemente y da algunos pasos vacilantes. Eleva los brazos por encima de la cabeza y los agita. Da la sensación de que va a despegarse del suelo y echar a volar. Pero gira sobre sí mismo y se desploma como un fardo.* Julia *se inclina sobre su cuerpo.* Alvar *entra al escenario. La toma por los hombros y la ayuda a levantarse. Luego comprueba que el cuerpo de* Barbero *no tiene pulso.*)

Alvar   (*A los de fuera.*) Se paró el reloj. No hace falta la ambulancia.

Julia   Sería injusto que su obra quedara reducida a la nada. (*Saca las fotos del sobre. Llega al borde del proscenio, se arrodilla y las muestra una a una.*) Es él. Edmundo Barbero actuando en papeles de protagonista. Fíjense bien en ellas. Servirán para ilustrar un libro. Cuando ustedes lo tengan entre sus manos y vuelvan a verlas, recuerden que tuvieron el privilegio de verlo actuar en el papel más difícil: el suyo.

(Julia *llora. Lejos se oye la voz de* Barbero *recitando un monólogo. Su voz es potente y hermosa. Se va haciendo el oscuro.*

Fin.

Esta primera edición de *El olvido está lleno de memoria*
de Jerónimo López Mozo, terminó de imprimirse
en **junio** de dos mil veinticuatro,
en Málaga.